CB142577

MINHA NOVA YORK

DIDI WAGNER

© Pulp Edições, 2013

Nesta edição, respeitou-se o Novo Acordo Ortográfico da Língua Portuguesa.

PROJETO EDITORIAL: Didi Wagner, Nô Mello e Pulp Edições

COORDENAÇÃO EDITORIAL: Nô Mello

EDITORAÇÃO E SERVIÇOS: Vicente Frare e Fernanda Ávila

ASSISTENTE DE SERVIÇOS: Vanessa Arruda

PROJETO GRÁFICO E DIAGRAMAÇÃO: Patricia Papp

ASSISTENTES DE DIAGRAMAÇÃO: Halini Saad e Claudio Alves dos Santos

REVISÃO: Mônica Ludvich

IMAGENS DIDI WAGNER: Jairo Goldflus

FIGURINISTAS: Tina Kugelmas, Paula Lang e Luna Nigro

MAKE-UP SÃO PAULO: Fagner Carreiro

MAKE-UP NOVA YORK: Juliana Narvaes

MANIPULAÇÃO DE IMAGENS: Sérgio Lavinas

Nova York é uma cidade em constante ebulição. Telefones mudam, sites saem do ar, lojas fecham, restaurantes novos abrem as portas etc. Todos os esforços foram feitos para que as informações estivessem o mais atualizadas possíveis no momento da impressão. Não nos responsabilizamos pelo que possa ter sido alterado desde então. Caso haja discrepâncias, agradeceríamos ser informados através do pulp@pulpedicoes.com.br.

Dados Internacionais de Catalogação na Publicação (CIP)
Bibliotecária responsável: Maria Inês Meinberg Perecin – CRB 8/5598

W132m Wagner, Didi
Minha Nova York/ Didi Wagner. 3 ed.,
Curitiba: Pulp Edições, 2011.
288p: il.color

ISBN 978-85-63144-14-0

1. Nova York (Estados Unidos) – descrições e viagens
I. Título

CDD 917.47

[2013]
Todos os direitos desta edição reservados à
PULP EDIÇÕES LTDA.
Rua Júlio Perneta, 828c
80810-110 - Curitiba - Brasil
tel.: (41) 3308-4097
www.pulpideias.com.br

MISTO
Papel produzido a partir de fontes responsáveis
FSC® C012418

DIDI WAGNER

MINHA NOVA YORK

3ª EDIÇÃO
REVISADA E ATUALIZADA

PULP EDIÇÕES

AO MEU FRED E ÀS BRASILEIRINHAS

LAURA, LUIZA E JULIA, GRANDES COMPANHEIROS DE

AVENTURAS URBANAS EM NOVA YORK.

Se existe uma cidade com abundância de oferta de guias de viagem, essa cidade é Nova York. Tem guia que abrange a Big Apple de ponta a ponta. Guia para quem quer gastar pouco. Guia para quem quer consumir à vontade. Tem guia só de restaurantes caros e chefs cinco estrelas. Guia de restaurantes baratos e comida honesta. Existe guia de Nova York para crianças. Nova York para apaixonados. Nova York para solteiros "à caça". Guia para quem busca programas culturais. Ou para os que querem fugir deles. E, andando por esta cidade, que é tão pluralista e cheia de lugares interessantes, dá para imaginar que seria possível fazer guias ainda mais específicos. Dos melhores pet shops, das melhores lojas de sapatos, dos melhores carrinhos de hot dog. É só dar uma volta no quarteirão e a lista continua. Então vem a pergunta: por que "mais um" guia de Nova York?

Porque, depois de morar durante cinco anos na Grande Maçã, fiquei com vontade de dividir com vocês a "minha Nova York". A Nova York em que eu vivo diariamente. A Nova York que eu gosto – e quero compartilhar com meus amigos. Essa é a proposta deste guia.

Não vou cobrir a cidade inteira. Não vou contar detalhes técnicos de cada lugar visitado. Mas prometo compartilhar minhas opiniões e histórias pessoais e contar o que enxergo de especial em cada um dos locais que fazem parte da "minha Nova York". Gosto de desbravar cidades e descobrir coisas incomuns, mas também sou adepta dos programas turísticos básicos e indispensáveis. Gosto de lugares charmosos e baratos (de graça, melhor ainda!), mas também não descarto um lugar sofisticado e caro de vez em quando. Uma coisa essas experiências todas têm em comum: alma.

Espero que você curta a "minha Nova York" e descubra a sua. Boa viagem.

Didi

ÍNDICE

> O MAPA DE MANHATTAN

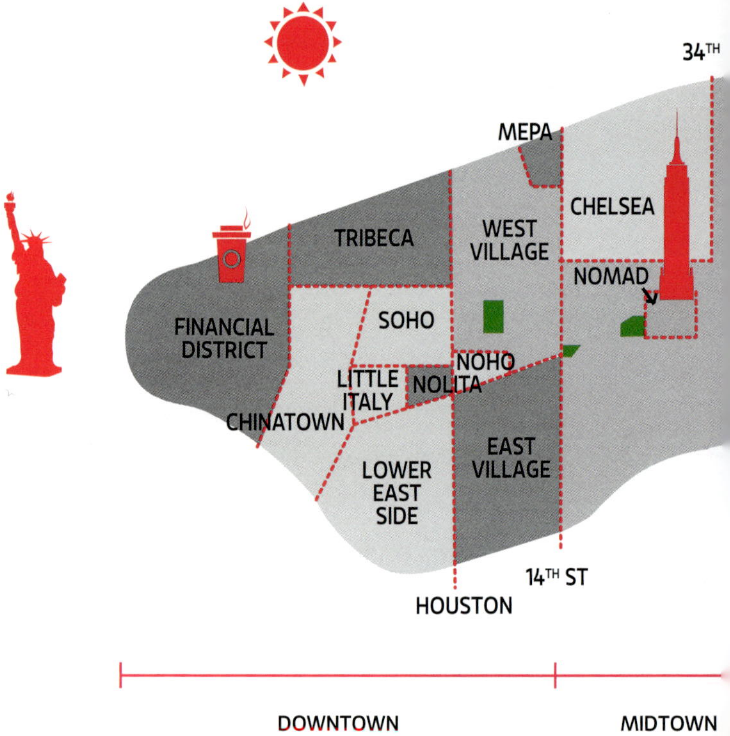

PARA VOCÊ ENTENDER O GUIA

Endereço

O que gosto muito

Ponto de metrô mais próximo e linhas que passam ali

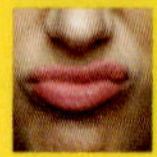
O que não gosto tanto assim

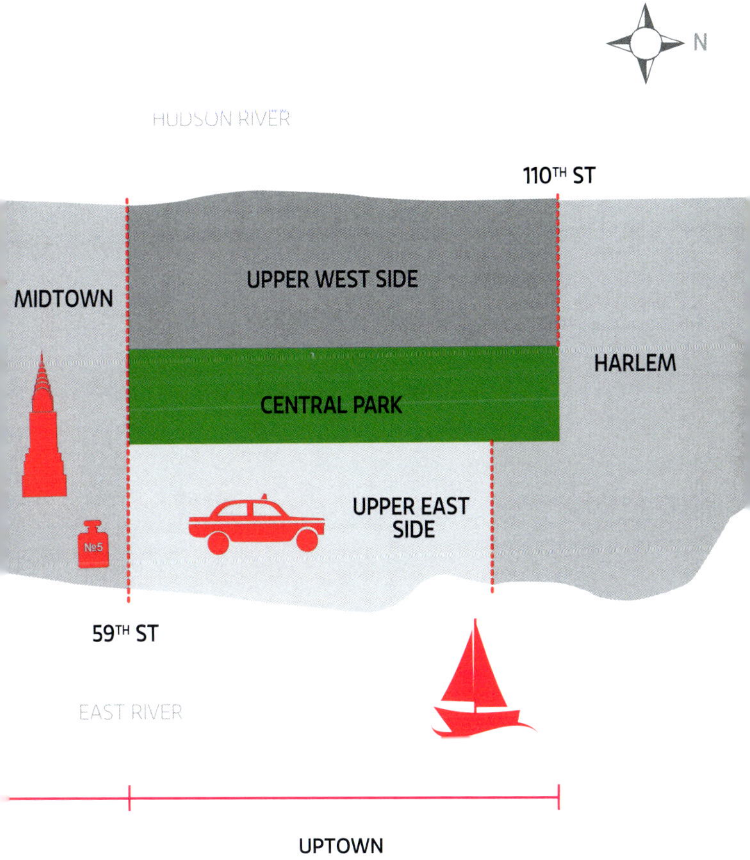

Não deixe de ver

Para entender melhor

Twitter

Site

Vale a dica

Aplicativo para celular

Nova York no cinema

MINHA HISTÓRIA COM NOVA YORK

Na primeira vez que eu vim a Nova York tinha 12 anos e estava fazendo uma viagem sozinha com minha mãe. Cheguei em janeiro, tinha nevado muito, ou seja, era impossível andar na rua (e não derrapar), fazia um frio congelante e mesmo assim eu pirei. Minha mãe me levou a todos os programas "obrigatórios" de uma caloura em Nova York. Eram outros tempos: a cidade não tinha a segurança (e vigilância) que tem hoje, mas também era bem menos careta.

Alguns anos depois, me casei com um cara que é absolutamente "New York-devoted" e, sempre que aparecia uma brechinha, a gente baixava na Big Apple – normalmente em viagens de cinco dias, em que sempre tentávamos curtir tudo: museus, restaurantes, compras e o principal, gastar tempo simplesmente andando na rua. Em uma delas, fomos para Manhattan dois meses depois dos atentados de 11 de setembro para o Fred correr a New York Marathon. Ele foi muito bem recebido, assim como todos os maratonistas, por nova-iorquinos desesperados para levantar o moral da cidade. Foi um momento único.

E daí, por motivos profissionais, em agosto de 2006 nos mudamos para cá. Cheguei com duas filhas, algumas roupas, um apartamento absolutamente vazio – e, mesmo conhecendo a cidade tão bem, tive que encarar viver em Nova York "do zero", o que é muito diferente de vir a passeio. Além da minha rotina pessoal, entre 2006 e 2008, graças ao programa Lugar Incomum, que apresento no Multishow, rodei a cidade como ninguém em busca dos lugares e personagens mais inusitados que esta cidade reserva. Foram mais de 250 pautas em três anos de programa na Big Apple.

Alguns anos depois e três filhas na bagagem, posso dizer que Nova York virou uma maçã menor, mas cheia de dentadas minhas. Cada metro (ou melhor, milha, hehehe!) percorrido, cada restaurante lotado, cada caminhada infindável pelas ruas, cada balada desconhecida, tudo isso compõe, para mim, o mapa desta cidade que, não à toa, tanto encanta o mundo inteiro. Bem, eu também me maravilhei com ela e hoje entrego esta maçã de bandeja, para você dar suas dentadas também. Enjoy!

8D94

O ABC DE NOVA YORK

ENTENDER NOVA YORK REQUER MUITO MAIS DO QUE SIMPLESMENTE CONHECER SEUS LIMITES GEOGRÁFICOS. CADA CANTINHO TEM SUAS PECULIARIDADES. E, NO CRUZAR DE ALGUNS QUARTEIRÕES, VOCÊ PERCEBE CLARAMENTE QUE MUDOU DE UM BAIRRO PARA OUTRO. OUTRA COISA EM QUE VOCÊ TEM QUE SE LIGAR É QUE AQUI ELES USAM MUITA SIGLA. VÁRIOS DOS NOMES DOS BAIRROS, NA VERDADE, SÃO ABREVIAÇÕES QUE INDICAM A LOCALIZAÇÃO DA ÁREA. MAS PODE DEIXAR QUE EU EXPLICO TUDO DIREITINHO.

> CHELSEA

Destino "tem que-ir" para os meninos que curtem meninos – é ali que a população gay mora em peso e, consequentemente, também compra, sai para comer, beber e ferver. O Chelsea é o novo queridinho das galerias de arte, que tomaram a porção mais a oeste do bairro, onde antes tinha (e ainda tem) muitos galpões e espaços industriais abandonados pelo crescimento de Manhattan. E, como os meninos são exigentes, já abriu um monte de lojas de grife – Barneys CO-Op, Balenciaga e Comme des Garçons, por exemplo. Boa opção também para fazer comprinhas e fugir dos lugares mais manjados – e lotados –, tipo Soho e Quinta Avenida.

Da West 14th St a West 34th St, entre a 7th Ave e o Rio Hudson.

> CHINATOWN

Duh! O bairro chinês, né? Mas, gente, passeando nele é que você percebe como aquilo tudo é realmente... chinês! Todo mundo falando mandarim (ou algum dos trocentos dialetos de lá), tudo escrito em ideogramas, lojas e mais lojas de produtos exóticos (inclusive algumas que vendem sapos vivos em baldes, no meio da calçada – argh!!!). Nos restaurantes, tem de ser cauteloso, porque muitos deles são meio que "hum, não sei"... mas tem outros ótimos. Vale a pena não só pelos produtos exóticos chineses, mas pelas barraquinhas na Canal St, aquelas em que você acha bolsas e relógios "imitados". Não sou nada a favor da pirataria, mas você também encontra óculos escuros, camisetas, pashminas e várias outras bobagenzinhas que podem ser ótimos souvenires. E, bem, seja eu a favor ou contra, é tradição do bairro, então passe lá e julgue você mesmo.

Ao sul da Canal St, entre e Lafayette St e Manhattan Bridge.

> EAST VILLAGE

Reduto da boemia nova-iorquina, mistura uma galera das artes, um povo hippie, mais uns descolados, uma modelada... que mix estranho, né? Mas no East Village todos convivem muito bem, obrigada – e não querem nem saber de nenhuma grande empresa abrindo suas portas por lá. É um dos poucos lugares em Nova York onde você ainda encontra lojinhas, vendinhas, artesanato local e nenhuma das grandes marcas. Também tem uns bares bem fervidos. Os restaurantes seguem a linha mais "lá em casa", na maioria pequenos e na filosofia "não aceitamos cartão de crédito". Nessa mistura, acrescente uns (mais que uns) mendigos e drogaditos que vagam pelas ruas do bairro, principalmente tarde da noite. Finja que não viu, passe do outro lado da rua que tá sossegado.

TEM QUE VER

NA SUA VISITA AO EAST VILLAGE, NÃO DEIXE DE PASSAR NA SAINT MARK'S PLACE, ALPHABET CITY (AS AVENIDAS A, B, C E D – ÚNICAS EM NOVA YORK COM NOME DE UMA LETRA SÓ), COOPER SQUARE E TOMPKINS SQUARE PARK.

Da Bowery ao East River, entre E 14th St e Houston St.

ROCK AND ROLL ALL NIGHT LONG – CBGB

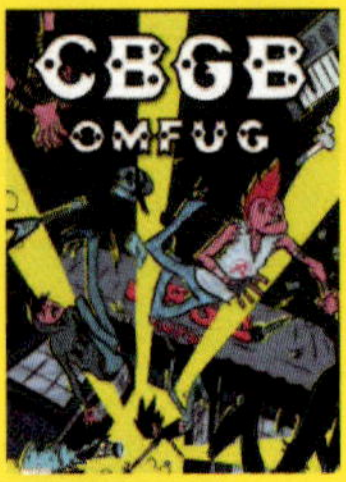

O East Village ainda preserva uma cara de bairro mais rebelde e não é para menos. Na Bowery ficava o CBGB, casa noturna que para muitos foi o berço do punk-rock (nos anos 1970). Os Ramones começaram ali. Blondie e Patti Smith também tocaram muito naqueles palcos. Hoje em dia, com a tal "gentrificação" assolando toda Nova York, a Bowery está 100% comportada, o CBGB fechou suas portas oficialmente em 2009 e virou uma loja de roupas da marca John Varvatos. A real é que o CBGB já estava bem decadente nos últimos anos. Mesmo assim, a mudança de rumos deixou muito fã de rock revoltado. Sinal dos novos tempos mesmo – por bem ou por mal.

No mundo virtual, o CBGB ainda existe: www.myspace.com/cbgb e no Facebook.

> HARLEM

Fica bem no norte de Manhattan e é destino obrigatório para você entender a cultura negra da cidade. Ali estão ícones como o Apollo Theater, o restaurante Sylvia's e o Studio Museum. Hoje, também está virando novo destino dos bacanas da Big Apple. Já abriu hotel-butique e aquele superchef, o Marcus Samuelsson, acabou de inaugurar seu restaurante Red Rooster. Um dos limites do bairro é a face norte do Central Park, ou seja, o metrô chega lá e é uma área fácil para explorar a pé. Só não aconselho você a ficar dando pinta de turistão perdido na rua, porque pode juntar um monte de malandro, ainda mais quando a noite cai. Fique esperto.

Do East River ao Rio Hudson, entre 110th St e 155th St.

www.apollotheater.org
www.sylviasrestaurant.com
www.studiomuseum.org
www.redroosterharlem.com

> LITTLE ITALY

O nome já diz tudo, né? Foi ali que os italianos se fixaram quando aportaram em Nova York no começo do século 20. Bem, sinto dizer que, apesar disso, não é lá que você vai encontrar os melhores restaurantes italianos. Tudo virou meio que uma versão Disney de si mesma e, ainda que tenha uma italianada de verdade por ali, isso não se traduz em pratos incríveis, caseiros. Sei lá, minha opinião pessoal... mas como o bairro conquistou esse status, tem eventos oficiais da colônia italiana que são imperdíveis, como a Festa de San Gennaro, de 15 a 25 de setembro. Outra coisa divertida de ver é qualquer jogo de futebol da Itália. Nessa hora eles ficam bem autênticos, param de servir e assistem à partida lance a lance. Se quiser ver a cena, é só checar a tabela de jogos quando vier para cá.

Da Broome St a Canal St, entre Lafayette St e Bowery.

> LOWER EAST SIDE

O LES foi gueto dos imigrantes europeus no século 19 e começo do 20, depois virou point dos punks e foi sendo conquistado pelos descolados, que atualmente inundam as ruas da região. Ou seja, espere muitos gatinhos e gatinhas cheios de estilo para dar e vender. O bairro é inteiro voltado para eles: brechós, bares, restaurantes, baladinhas. Tudo no LES tem essa pegada cool. Começou a abrir loja de grife lá, mas, sinceramente, acho que os hipsters (como são chamados os modernetz aqui) não vão deixar, afinal, eles querem preservar a todo custo a aura mais "altê" do bairro. De um jeito ou de outro, é passagem obrigatória para você entender o que e quem é cool em Manhattan hoje em dia.

Da E Houston St a Manhattan Bridge e da Bowery ao East River.

>MEATPACKING DISTRICT

Originalmente, o **MePa** (apelidinho do bairro) era a região dos açougues que abasteciam toda a cidade. Nos anos 1990, saíram os açougueiros e chegaram as dondocas. E, com elas, as lojas de grife, os hotéis e restaurantes cinco estrelas. Impressionante a transformação de toda aquela área. Essa é uma boa região para você, mauricinho, e você, patricinha, se esbaldarem, porque também tem um monte de baladinha (de pré-club a festão) dessa cena para quem curte dar uma dançada noite afora. Bem, em Nova York tem bastante desse pessoal, então espere tudo lotado – e uma pessoa na porta com um belo de um carão, que vai caber a você derreter. Boa sorte!

Entre o Rio Hudson e a Hudson St, da W 14th St a Gansevoort St.

> MIDTOWN

Esta é a região dos arranha-céus das grandes corporações e coração dos negócios da cidade. Também atrai muita turistada por ter hotéis com pacotes mais voltados para essa cena. Ou seja, calçadas e mais calçadas entupidas de gente por todos os lados. Balada? Nota zero. Bons restaurantes? Hum, 1 ou 2. Arte? Se não fosse o MoMA, seria bem escassa também. Mas nessa área ficam todos os musicais da Broadway, os neons da Times Square, o Empire State Building, a Grand Central, o Rockefeller Center e, consequentemente, gente do mundo todo. Mesmo que você não curta multidão, faz parte da experiência. Ali você consegue entender melhor o fator "mega" que só Nova York tem.

Entre 14th St e 59th St, e do Rio Hudson ao East River.

> NOHO

Hoje esta é, sem dúvida, a área mais bombada de Downtown. É na região ao norte da Houston (**No**rth of **Ho**uston, daí o apelido) que fica a Bowery, outrora celeiro do movimento punk e hoje ressuscitada por um neo-hype meio "artsy", meio "new money", com a chegada de galerias de arte como a Sperone Westwater, o New Museum e outros novos prédios (projetos arquitetônicos bizarros, tem que ver) que estão mudando a paisagem daquela região. Várias lojas darling dos fashionistas nova-iorquinos se mudaram para o NoHo e assim também foram os restaurantes. Se você quer ver todo mundo que é alguém em Downtown Manhattan, é lá, com certeza.

Entre a Houston St e Astor Place, da Bowery a Broadway.

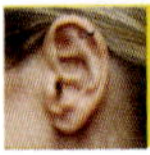

EU OUVI DIREITO?

Apesar das grafias serem absolutamente idênticas, a pronúncia da Houston, rua de Nova York, não é igual a Houston, cidade do Texas. O nome da cidade é falado com ênfase no "u" (algo como "Riuston"). Já a daqui é pronunciada de forma diferente – fala-se "Ráuston". Não me pergunte por que, mas é assim! Fica a dica.

> NOLITA

De novo as tais abreviações. NoLiTa, escrito assim mesmo, quer dizer **No**rth of **Li**ttle I**ta**ly. É aquele pedacinho meio Soho, mas já colado com a região que os italianos tomaram conta. O hype do NoHo se estendeu a ela, ou seja, a cena Nova York cool também frequenta em peso a região. Várias lojas superlegais ficam ali, num perfil mais discreto que as "amigas" do Soho, essas sim sempre um pouco espalhafatosas. Os restaurantes também são tudo, seguindo essa pegada mais cool.

Entre Houston St e Broome St, da Bowery a Lafayette St.

> NOMAD

O Madison Square Park é um dos mais charmosos dos pequenos parques de bairro espalhados por Manhattan. Agora está tudo abrindo ali ao norte (por isso o nome NoMad, North of Madison Sq Park) – restôs novos, hotéis novos, clubes etc., e a localização é ótima: pertinho de Midtown, mas já distante da muvuca, e colado em Downtown. A área também tem prédios lindos de bancos do começo do século passado e empresas que prosperavam naquela época. E, de quebra, a Quinta Avenida vira naquele pedaço um corredor de lojas na linha fast-fashion (Gap, H&M etc.) mais vazias, algo que você não vai achar nas outras áreas de compras da cidade. Aliás, vai lá mas não espalha, tá?

Entre 25th St e 30th St, da Ave of the Americas (6th Ave) a Madison Ave.

> SOHO

Sabe aqueles lofts nova-iorquinos de sonho, que a gente vê em filmes ou programas de tevê filmados aqui? É no Soho que eles ficam. Nos anos 1960, esses espaços eram "o" lugar para estar entre os artistas da cidade – a super performer Marina Abramovic, por exemplo, mora em uma de suas esquinas até hoje. Muito desse hype passou e o Soho foi sendo tomado pelo estilo de vida americano, pelo comércio e pelos turistas também, claro. Mas os tais lofts ainda estão lá, claro que muuuuito mais caros do que eram há 50 anos. Se você andar pelas ruas do bairro, vai conseguir espiar vários. Nas calçadas, você vai encontrar de fashion victims a fashion Kaisers. Além de várias lojas-conceito das grifes mais caras do planeta, tem muita agência de modelo por lá e, dia sim outro também, esse pessoal está nas ruas almoçando e resolvendo sua vida. E muita paciência para lojas lotadas e calçadas idem. Ah, claro, por que Soho? Quer dizer **So**uth of **Ho**uston, outro apelidinho naquele jeitão siglas daqui.

Entre Houston St e Canal St, da Lafayette St a W Broadway.

> TRIBECA

Gente, este é complicado: **Tri**angle **Be**low **Ca**nal St. A sigla determina exatamente a área geográfica do bairro: "triângulo" de ruas, avenidas e praças que ficam ao sul da Canal St. É nesse pedacinho que muitos dos artistas que amavam o Soho foram se refugiar. Tem espaços absurdos ali, muitos dos prédios são tombados e é uma área residencial muito legal. Não sei se vale muito a pena para o turista, mas tem restôs bons também. Se você der sorte, pode vir para cá em época de Tribeca Film Festival (na primavera), um dos melhores festivais de cinema do mundo. Quem dá pinta sempre é o Jay-Z, que se mudou para lá faz um tempo. Quem sabe você não cruza com ele ou alguém da turma?

Entre Canal St e a Chambers St, da West St a Broadway.

www.tribecafilm.com

> UPPER EAST SIDE

Chanel, Chanel, Chanel. Hermès, Hermès, Hermès. Balenciaga, Balenciaga, Balenciaga. Essa (ou outra combinação dessas três e algumas outras) vai ser sua experiência visual andando pelas ruas do UES. É o bairro onde os super-ricos moram e onde todas as grandes maisons e grifes têm suas lojas-conceito, as tais flagship stores. Ali também estão as principais lojas de departamentos – a emblemática Bloomingdales e as chiques Bergdorf Goodman e Barneys. Ou seja, a turistada do mundo todo ama andar por ali e "esquentar" o cartão de crédito! O bairro tem uma cena mais "old-money", mas nem por isso perde seu charme, afinal, o Central Park está logo ali, assim como a Park Ave em seu pedaço mais bonito (com seus canteiros centrais sempre impecáveis – tulipas no outono, pinheiros iluminados no inverno e por aí vai). Ladeando o Central Park, essa é a parte da Quinta Avenida onde ficam os apartamentos mais caros da cidade. Os grandes museus estão quase todos lá também, além de boas galerias de arte. Já os restaurantes, vários bons e mais para o caro que para o barato. Prepare o bolso quando passar por lá.

Entre 5th Ave e o East River, da E 59th St a E 96th St.

> UPPER WEST SIDE

Existe uma espécie de rixa (boba!) entre o Upper East Side e o Upper West Side. Os moradores do lado leste acham o UWS meio alternativo demais. Já os Upper West Siders consideram o UES careta e esnobe. Nenhum dos dois está 100% certo ou 100% errado, claro. Mas é fato que os bairros apresentam algumas diferenças de estilo, sendo que o UWS tem sim uma aura mais "sussa". As ruas são bonitas e arborizadas. É uma área essencialmente residencial (repleta de brownstones e prédios tombados) bem família (em geral, mais jovens) – aliás, foi ali que morei por uns anos logo que me mudei para cá. A Central Park West é a avenida que ladeia o parque – então, estar ali é ter o Central Park à sua disposição. Apesar de uma vida cultural agitada (o Museu de História Natural e o Lincoln Center), acho que falta um bom museu de arte. Tem restôs bons, mas uma vida noturna pacata. Ou seja, bom para curtir o dia; anoiteceu, pode se mandar.

Entre o Central Park e o Rio Hudson, da W 59th St a W 110th St.

PELÍCULA

Na minha singela opinião, um dos melhores cinemas para blockbusters hollywoodianos é o **AMC Loews Sq 13**, com muitas salas, inclusive uma IMAX enorme. Pipoca na mão e bom divertimento!

1998 Broadway, entre E 67th St e E 68th St (212-336-5020).
www.amctheatres.com/LincolnSquare

TEM QUE VER

ENTRANDO NO CENTRAL PARK PELA CENTRAL PARK WEST COM A 72ND ST, VOCÊ PODE VER NO CHÃO UMA HOMENAGEM A JOHN LENNON – O FAMOSO CÍRCULO "IMAGINE", DE LADRILHOS PRETOS E BRANCOS. SEMPRE TEM GENTE ALI, OFERECENDO FLORES E VELAS PARA O QUERIDO BEATLE.

> WEST VILLAGE

Também conhecido como Greenwich Village, hoje é uma das áreas mais chiques da cidade. Para mim, sinceramente, a mais chique. É uma das poucas regiões que mantêm em bom estado as suas townhouses (aquelas casas que parecem um predinho, em geral de quatro andares, da arquitetura inglesa) – tem cada uma tão linda, de babar. Todas com janelões dando para as ruas, todas cheias de árvores. Não é à toa que Juliane Moore mora lá, Sarah Jessica Parker também – e a lista de celebs é infindável. Os restaurantes são todos na linha bistrô/café, superaconchegantes. Interessante pensar que essas ruas, em especial a Christopher St, foram berço do movimento gay nos anos 1960. Essa comunidade ainda é forte no bairro, mas o movimento chique tomou conta. Uma mistura curiosa que vale a pena conferir.

Entre Broadway e o Rio Hudson, da Houston St a W 14th St.

> BROOKLYN

Hoje o hype em torno do Brooklyn é inegável, e o distrito, apesar de meio fora de mão para quem está em Manhattan, é destino certo (e moradia) de toda uma cena modernetz daqui. Então aqui vai um "best of":

Williamsburg
Pertinho de Manhattan, é o destino preferido da galera descolada mais nova que tem bode dos preços carésimos de Manhattan. Cheio de restôs, bares e clubes. Melhor conferir esse agito mais para o fim da semana, a partir de quinta-feira – antes disso, a coisa por ali é mais pacata. Para chegar, a melhor forma é pegar a linha L do metrô na Union Square e parar logo na primeira estação do Brooklyn – chamada Bedford, a avenida principal do bairro.

Dumbo

Área considerada chiquezinha que fica bem colada à Brooklyn Bridge. É onde a ponte desemboca quando você chega no Brooklyn. Bons bares e restaurantes e uma das vistas mais lindas de Manhattan.

Greenpoint

Pedaço do Brooklyn que foi colonizado pelos poloneses. Atualmente tem um monte de restaurantes e brechós abrindo por lá. Eu sinceramente acho longe, mas se você tiver tempo e disposição, vale a pena explorar.

Park Slope

Bairro supergracinha, cheio de townhouses, especialmente na bela Eastern Parkway. A área tem vários atrativos: Prospect Park (vem daí o nome do bairro), Brooklyn Botanic Garden e o Brooklyn Museum, entre outros. Uma grande população judaica mora ali.

> BOAS MANEIRAS

Antes de você sair pagando mico por Nova York, ouça a voz da experiência. A Big Apple tem todo um código de regras de etiqueta a ser respeitado que, se você seguir, vai no mínimo facilitar a sua viagem. E, no máximo, você vai poder pagar de gatinho(a) fingindo ser um(a) "real New Yorker", hehehehehe.

RESERVAS

Sempre! Nem adianta ir a um lugar badalado ou destino turístico em Manhattan sem reservar antes – a não ser que seu intuito seja ficar horas esperando. Então, nunca se esqueça de se informar melhor, seja via site, telefone, Twitter, Facebook ou Open Table (pág. 117), e marcar a mesa que você precisa. Vai evitar muitas dores de cabeça.

GORJETA

Não adianta chorar porque aqui é obrigatório dar 15% de gorjeta. Não 10% ou o que você achar que deve. Sorry, mas é assim e eles ficam ofendidos, acham que rolou algum problema, se você dá menos – e vêm até tirar satisfação para saber por que você não pagou o que devia (ai! Papelão!). Eu sei que na hora é difícil calcular porcentagem, mas um bom atalho é você dobrar o imposto local de 8,25% cobrado na conta. A taxa vem especificada na notinha. É só multiplicar por dois.

METRÔ

Coisas para você se ligar de cara e não fazer feio: quase toda estação tem duas entradas, uma para Uptown e outra para Downtown (as linhas "horizontais" – leste-oeste – também têm entradas opostas, normalmente). Outra: nunca espere bom humor e hospitalidade no guichê de atendimento. O pessoal, em geral, é bem ríspido! Tente se virar com o mapa ou perguntar para algum passageiro. Para comprar o Metrocard (passagem), o melhor esquema são os caixas automatizados na entrada de cada estação, que aceitam notas de dólar e cartão de crédito. Ah, e uma coisa que você NUNCA deve fazer: ficar parado na escada rolante do lado reservado para quem tem pressa e quer subir andando. Não vá ficar sossegadão lá, hein?

TÁXI

Pegar táxi em Manhattan (o amarelinho, tá? Os outros são ilegais) exige todo um traquejo. Primeiro, nunca se sente na frente, a não ser que esteja num grupo de quatro pessoas. Segundo, não estranhe se o taxista sair tagarelando no celular logo depois que você passar o endereço. Terceiro, espere pelas nacionalidades mais exóticas na direção – e sotaques para lá de carregados. E, por fim, saiba que você pode sim desligar a telinha de TV chatéééérrima na frente do assento. É de enlouquecer! Mas a tela tem uma função muito útil: permite pagar a corrida com cartão de crédito. Ah, importantíssimo: lembre-se de sempre dar uma gorjetinha para o taxista – por mais mal-humorado ou deseducado que ele seja. Senão, prepare-se para uma enxurrada de xingamentos nada agradável!

TEMPERATURA

Prepare-se para encarar do Alasca ao Saara na mesma cidade. Digo isso porque, quando é verão, o ar-condicionado bomba a temperaturas glaciais; quando é inverno, eles põem o aquecedor no talo também. Ou seja, sempre traga na mala pelo menos um look completo para a estação oposta à da época em que você está vindo. Vai poupar um bom sufoco.

O SENTIDO DAS RUAS E AVENIDAS

Manhattan é uma cidade planejada – por isso, quando você olha o mapa, ela parece toda quadriculadinha (o plano original de divisão de ruas e avenidas data de 1811, acredita?!). Uma das coisas mais práticas da ilha é que, na maior parte dela, as ruas e avenidas têm números e não nomes. E tem uma lógica fácil de entender: as ruas ímpares têm o fluxo para o sentido oeste; as ruas pares, para o leste. Já as avenidas, todas as ímpares ao lado oeste da Broadway descem, e as pares sobem. No lado leste da Broadway, é o contrário. A Quinta Avenida divide a ilha ao meio no sentido leste-oeste. A Broadway é uma avenida diagonal, que praticamente cruza a ilha toda (e, assim, cria alguns focos de confusão, por causa da confluência de ruas, como em Times Square). Algumas das principais ruas de mão dupla que cruzam a ilha de leste a oeste e vice-versa (as chamadas "crosstown") são 14th, 23rd, 34th, 42nd, 57th, 72nd, 79th, 86th e 96th Sts. Tá bom, não é assim fácil, mas já ajuda. Pior em Downtown, abaixo da 14th St, onde as ruas começam a ter nome e fazem curvas! Aí, baby, meu conselho é: um bom mapa e se vire! kkkkkk.

> BATISMOS DE FOGO

Aqui vai a minha lista de "batismos de fogo". Depois que você passar por essas experiências, estará pronto para ser aceito em Nova York.

BARQUINHO NO CENTRAL PARK

Nada mais romântico e nova-iorquino que uma volta de barquinho no Central Park. Os pedalinhos são mais fáceis – e mais "love is in the air" – que os caiaques, mas dá para alugar os dois na Loeb Boathouse, na altura da 74th St.

COMER HOT DOG EM QUALQUER ESQUINA

Da madame ao mendigo, todo New Yorker que se preze degusta essa maravilha das ruas: o cachorro-quente. Rapidinho, barato e delicioso!

COMER PRETZEL EM QUALQUER ESQUINA

O pretzel é um petisco judaico que ganhou tanta popularidade aqui que quase todo carrinho de hot dog também vende. Peça um com bastaaaaante sal!

JOGO DOS KNICKS

É o time oficial de basquete da cidade. O povo é vidrado nele. Saber o último placar vai catapultar você entre os nova-iorquinos. Ter visto um jogo ao vivo então...

SER MALTRATADO POR UM TAXISTA

Nem espere aquela simpatia brejeira do taxista brasileiro. Aqui eles vão fazer de tudo para não saber o endereço onde você vai, vão ficar falando no celular o tempo inteiro e podem até reclamar que você não explicou direito onde queria ir. Daí você paga pela corrida, mal sai do carro e eles já estão com o pé no acelerador para partir. Sorry, mas é assim. Welcome to New York! ;-)

CORRER NO RESERVOIR DO CENTRAL PARK

Nova-iorquinos são obcecados por malhação e muitos deles queimam a neurose correndo nas trilhas em volta do Jacqueline Kennedy Onassis Reservoir, o megarreservatório de água entre a 86th St e a 96th St. Aproveite para estrear aquele tênis novo que você comprou aqui.

LIQUIDAÇÕES PODEROSAS

Uma das melhores coisas aqui é encontrar aquela arara escrita "SALE". A-m-o! Tem umas que são instituições nova-iorquinas, como a Black Friday (um dia depois do Thanksgiving, no final de novembro, que abre a temporada de liquidações natalinas) e a Memorial Day Sale (toda última segunda de maio, feriado que homenageia os soldados mortos em guerras americanas). Se acabe!

NEW YORK

TEM-QUE-VER

ESTA SEÇÃO NÃO TEM MUITA EXPLICAÇÃO, A NÃO SER UMA SÓ: NOVA YORK TEM UMA SÉRIE DE COISAS QUE VOCÊ TEM QUE CONFERIR PARA PODER DIZER QUE CONHECE A CIDADE DE VERDADE. MUITAS VEZES VOCÊ VAI ENCONTRAR MULTIDÕES, O FRIO VAI SER ABSURDO (OU O CALOR MEGAÚMIDO NOS MESES DE VERÃO), MAS, JÁ QUE VOCÊ SE DEU AO TRABALHO DE VIAJAR ATÉ AQUI, ARREGACE AS MANGAS, PREPARE A SOLA DO SAPATO (TÊNIS É MELHOR NESSE CASO, NÉ?) E FAÇA O ROTEIRO A SEGUIR:

> BROOKLYN BRIDGE

Construída em 1883 e toda sustentada por poderosos cabos de aço, é a ponte que conecta Manhattan ao Brooklyn, passando por cima do East River (uma das fronteiras que separam a ilha do continente). Bem, tem as outras pontes também – a Manhattan Bridge ou a Williamsburg Bridge (aliás, "dica" aqui: as pontes seguem a ordem BMW, do sul ao norte – foi assim que eu decorei. Ou seja, a primeira ponte, mais ao sul, é a Brooklyn e por aí vai), mas a Brooklyn Bridge é a mais cult de todas (e presente em várias cenas antológicas do cinema americano)

Chegando no lado do Brooklyn, você enxerga as outras pontes cruzando o rio e dá para ver a magnitude da cidade em todo o seu esplendor. Nossa, parece letra de samba enredo, né? Mas quero ver se você vai lá sem soltar um belo UAU! E se o relacionamento tá precisando de uma aquecida extra, é uma boa também. Impossível o casal chegar lá e não sentir vontade de dar aquele beijo de cinema. :-)

ACHO TUDO

A ponte desemboca em Dumbo, que, aliás, é um acrônimo de Down Under The Manhattan Bridge Overpass, região em torno e debaixo da Manhattan Bridge, a outra ponte que conecta a região). É um pedaço lindo do Brooklyn, cheio de lojas e restaurantes-delícia e com um parque bem gracinha na margem do rio.

ACHO CAÍDO

Atravessar a ponte a pé na ida é empolgante, mas na volta, como diria o nosso anti-herói Macunaíma, "ai, que preguiça!".

City Hall Ⓡ④⑤⑥

> CENTRAL PARK

Quem nunca ouviu falar do Central Park, não é mesmo? Bem, saber dele é uma coisa, experienciá-lo é outra. O parque é um mundão de opções de lazer para os nova-iorquinos e para todo mundo que vem de fora. Aqui vão minhas razões para justificá-lo na minha lista de lugares obrigatórios: as arquetípicas carruagens (tadinhos dos cavalos, mas...), o carrossel (as crianças a-do-ram!), o Wollman Rink (rinque de patinação que funciona no inverno), o Victoria Garden (parque de diversões que funciona no verão), o Sheep Meadow (um gramadão tipo "praia", onde todo mundo faz piquenique, deita, lê, namora e curte o visual dos prédios emoldurando o parque), o passeio de barquinho no Boat Pond, o Jacqueline Kennedy Reservoir (cenário típico de vários filmes e seriados de TV, como Sex and the City) etc. etc. etc... Te convenci?

www.centralpark.com

ACHO TUDO

O Central Park é o melhor cenário da cidade para observar as diferentes estações do ano. As cores e os sons mudam. No outono, o visual do parque é indescritível, com as folhas das árvores em todas as tonalidades de amarelo, laranja e vermelho. As cerejeiras, na primavera, também são um visual à parte. E não dá nem para comentar a beleza do parque quando neva.

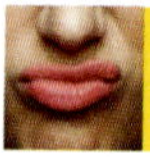

ACHO CAÍDO

A sinalização dentro do parque, que muitas vezes carece em não indicar o que é leste, oeste, sul e norte. Mesmo conhecendo bem o parque, se você não prestar atenção, pode acabar se perdendo pelos caminhos sinuosos!

> COLUMBUS CIRCLE

Nos EUA, Cristóvão Colombo é "Christopher Columbus" (deram uma bela americanizada nele!). Portanto, o nome já diz tudo, né? Feita em homenagem ao descobrimento da América (meio bizarro que os americanos clamem Colombo para si, né?), o Columbus Circle é uma rotatória gigante, com uma praça no meio, que anuncia o começo do Upper West Side. Em torno dele também ficam o Museum of Arts and Design (MAD) e o Time Warner Center, um complexo de lojas e restaurantes bem completo, o The Shops at Columbus Circle. Não sou muito fã de shopping center – ainda mais em Nova York, onde é uma delícia andar a pé, mas de vez em quando (nevasca ou ventania braba, por exemplo) quebra um bom galho. No Time Warner Center, vale visitar o Whole Foods, supermercado com uma seleção incrível de produtos orgânicos e comidinhas prontas deliciosas.

ACHO TUDO

O restaurante no topo do Museum of Arts and Design. Um projeto incrível e que oferece uma vista linda da região – e recompensa quem vai visitar as expos fraquinhas de lá. Também dá para ter um visual incrível do Central Park subindo até o lobby do hotel Mandarin Oriental, que fica no 35° andar da torre norte do Time Warner Center.

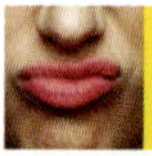

ACHO CAÍDO

Atravessar a rua ali é meio complicado, os faróis e as faixas são todos meio confusos. Atenção dobrada, hein?

POR FAVOR, REBOBINE

OS CAÇA-FANTASMAS (1984)

É no Columbus Circle que o monstrão de marshmallow de "Os Caça-Fantasmas" começa a destruir a cidade para pegar a Sigourney Weaver no apartamento dela, na Central Park West, a avenida que ladeia o Central Park do lado oeste. Já viu? Se não viu, veja, porque esse é um dos clássicos nova-iorquinos do cinema. Super anos 1980, hahaha!

MUSEUM OF ARTS AND DESIGN

2 Columbus Circle (212-299-7777).

@MADMuseum

www.madmuseum.org

THE SHOPS AT COLUMBUS CIRCLE

10 Columbus Circle – Broadway, entre W 58th St e W 60th St (212-823-6300).

@TimeWarnerCtr

www.shopsatcolumbuscircle.com

WHOLE FOODS MARKET

@wholefoodsnyc

www.wholefoodsmarket.com

59 St – Columbus Circle

A C B D 1

> EMPIRE STATE BUILDING

É "o" cartão de visitas da cidade e retrato do espírito empreendedor nova-iorquino, de querer alcançar o céu, de atingir o limite da civilização. São 102 andares, com mirantes e vistas fantásticas lá em cima. Só fique ligado na previsão do tempo, porque, se estiver nublado ou frio demais, a viagem perde boa parte da graça. E também pense duas vezes se você tiver labirintite ou outros problemas de ouvido, já que a pressão ao subir ou descer de elevador é muito forte e pode agravar seu problema.

ACHO TUDO

As luzes que iluminam sua fachada externa mudam de tom de acordo com datas comemorativas, fazendo várias combinações. Repare: o topo do prédio vai mudar de cor algumas vezes enquanto você estiver aqui.

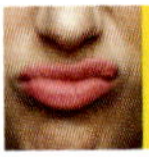

ACHO CAÍDO

O endereço do prédio não é assim a coisa mais oportuna do mundo. Socado numa área extremamente comercial e, a não ser que você queira ver as liquidações da Macy's (quem nunca foi cafona que atire o primeiro pinguim de geladeira), não tem muito para fazer ali.

Midtown: 5th Ave, entre 33rd St e 34th St (212-736-3100).

34 St – Herald Square
B D F M N Q R

@EmpireStateBldg

www.esbnyc.com

O Observatório fica aberto todos os dias do ano, das 8h às 2h (o último elevador sobe à 1h15). Há dois andares para visitar, o 86° e o 102° (que exige uma entrada extra). Quem não quiser ficar horas na fila pode comprar os ingressos pela internet e há a opção de um Express Pass, que dá direito a entrar na ponta da fila. Românticos devem ir à noite, de quinta a sábado, entre as 22h e 1h. Há um saxofonista que toca a música que o casal pedir. E, last but not least, tenha paciência com o pessoal da segurança, que é chato igual ao do aeroporto. Detalhe: é proibido ir fantasiado, just in case, ok?

SE VOCÊ QUISER SUBIR NA VIDA...

UMA VEZ AO ANO, ROLA A EMPIRE STATE RUN-UP, UMA CORRIDA PELAS ESCADAS DO EDIFÍCIO, DO TÉRREO ATÉ O 86° ANDAR. SÃO 1.576 DEGRAUS E O RECORDE, ATÉ HOJE, É DE UM AUSTRALIANO, EM 2003, QUE SUBIU TUDO EM IMPRESSIONANTES 9 MINUTOS E 33 SEGUNDOS.

> ESTÁTUA DA LIBERDADE

Ih, eu falei ali atrás do Empire State, mas agora tô dividida, porque esse é outro símbolo máximo de Nova York. Então, eu diria assim: o troféu de prédio mais icônico fica pro Empire State e o de monumento mais importante vai para a Estátua da Liberdade, que foi doada pelos franceses aos EUA em 1886 com o objetivo de estreitar os laços entre as duas nações. A estátua fica na Liberty Island, extremo sul de Manhattan. Para chegar lá há um barco que sai do Battery Park e leva alguns minutos. Não tem absolutamente NADA para fazer na ilha, a não ser ver a estátua de perto, mas vale a pena – mesmo imaginando que ela é enorme, só de perto você tem a noção de quão grandioso é o monumento!

South Ferry Ⓡ ①

www.statueofliberty.org

ACHO TUDO

Dá para subir até a coroinha da Sra. Liberdade e ver toda a pontinha sul de Manhattan. Mas, para isso, é preciso fazer reserva dos ingressos com antecedência e estar preparado para subir 354 degraus!

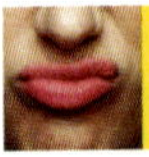

ACHO CAÍDO

O tamanho da fila para pegar o ferry. Primeiro, imagine que o mundo inteiro está se enfileirando para ver o monumento – 2,3 milhões de visitantes por ano, para ser mais exata. Some-se a isso o fato de que, para poder visitar a estátua, cada pessoa tem que passar pelo sistema de raios X, como em um aeroporto. Sentiu o drama?

A entrada na Liberty Island é gratuita, mas é preciso pagar o trajeto de ferry até lá. Reserve o ticket com antecedência no site do Statue Cruises para ficar menos tempo na fila de espera. Aproveite para reservar também a entrada de acesso à coroa da estátua no mesmo site. A sugestão é fazer o programa de manhã cedo, aproveitando o tempo para visitar também a Ellis Island. Há várias saídas de Battery Park durante o dia, mas a frequência dos barcos varia bastante conforme a estação do ano. Nos meses de verão, circulam a cada 20 minutos. No inverno, a cada hora. Dê uma olhada no site ou ligue para 212-604-2800 para confirmar. Funciona todos os dias da semana. Verifique como está o clima antes de sair do hotel no @EllisIslandNPS.

@StatueCruises

www.statuecruises.com

> GRAND CENTRAL TERMINAL

Eu nunca tinha visto algo assim até me mudar para Nova York. A Grand Central é um complexo gigantesco, no centro da cidade, inaugurado em 1903 e de onde saem todos os trens da Metro-North Railroad. Ali também passam as linhas 4, 5 e 6 do metrô, mais a 7 e a S – que leva de lá a Times Square. Se ligue nessa dica, porque a linha S é, ao lado da L (que vai para o Brooklyn), o único jeito de cruzar Manhattan no sentido leste-oeste e vice-versa. É também a maior do mundo na categoria número de plataformas: 41 delas em dois níveis, com 67 pares de trilhos ao todo. Tadinha da nossa humilde (mas também bela) Estação da Luz, só com 11 linhas.

Midtown: 42nd St, esquina com Park Ave (entrada principal).

Grand Central S 4 5 6 7

@GrandCentralNYC

www.grandcentralterminal.com

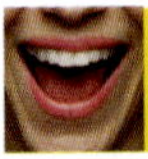

ACHO TUDO

A pintura do teto do Main Concourse (a área principal, onde estão os guichês de venda de bilhetes e o quiosque de informações). O mural, concebido em 1912 pelo francês Paul César Helleu, toma conta de toda a extensão do teto e traz uma representação das constelações. Lembra os afrescos renascentistas. Fizeram um remendo mal-ajambrado nele nos anos 1930, outro nos 1950, mas, graças a Deus, o restauraram novamente na íntegra em 1998.

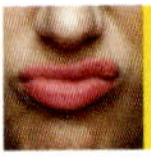

ACHO CAÍDO

Para quem nunca foi, é meio difícil se entender de primeira na estação. E como muita gente compra tudo pela internet, eles acham que você já viu tudo online e, portanto, sabe como e onde ir. Não tenha medo de gritar "justiça!" no quiosque de informações se estiver perdido.

POR FAVOR, REBOBINE

MADAGASCAR (2005)

Você já assistiu àquela animação superfofa da Dreamworks em que os animais escapam do zoológico em Nova York? Uma das minhas cenas favoritas é aquela em que a velhinha enfrenta os bichos no braço, no meio da estação de trem. Essa estação é uma reprodução bem fiel da Grand Central. Repare quando passar pelo saguão principal.

> HIGHLINE

Projeto superinovador de um parque urbano. É como um jardim suspenso que sai do Meatpacking District até o Chelsea, todo em cima de um viaduto que antes servia de base para uma linha de trem. O projeto arquitetônico que repaginou aquilo tudo é nota 1.000, com uma série de entradinhas, cadeiras para tomar sol, jardinzinhos que saem do concreto, mas preservando as cercas e trilhos de ferro originais do século 19. Genial!

MePa/Chelsea: *o parque é paralelo à 10th Ave e há entradas pela Gansevoort St, W 14th St (com elevador), 16th St (com elevador), 18th St e 20th St – aberto diariamente, das 7h às 20h.*

8 Av – 14 St A C E L

@highlinenyc

www.thehighline.org

ACHO TUDO

A parte do parque que passa por dentro do Standard Hotel, muito futurista, além de ser a única área de sombra. Boa pedida para um dia de calor intenso. Adoro também o sorveteiro que se instala ali nos meses de verão – ele vende sorbets incríveis.

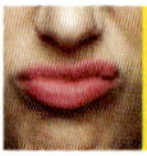

ACHO CAÍDO

Aquilo se chama de parque, mas não tem área para correr, andar de bicicleta ou fazer piquenique. É mais uma "passarelona" do que um parque propriamente dito.

> HUDSON RIVER PARK

No lado oeste da ilha, ao longo do Rio Hudson (que separa Manhattan de New Jersey), foi construída uma área pública que começa na 59th St e segue até o Battery Park. Na estreita faixa que beira o rio, dá para correr, andar de bicicleta, de patins, ou simplesmente sentar nos bancos e apreciar a paisagem. Tem também os píers com várias coisas rolando (aulas de ioga de graça, apresentações musicais, parquinhos), ou seja, é uma experiência completa "em si". Também é um ótimo exemplo de aproveitamento do espaço urbano, que só os americanos sabem fazer (ai, "paguei pau", né? Mas merece!). Dá vergonha de pensar nas marginais fétidas de São Paulo. É daquele tipo de área urbana que – da vovó ao bebezinho – todo mundo aproveita e sai feliz.

ACHO TUDO

A região do Chelsea Piers, originalmente usada para os navios e que hoje virou um megacomplexo de atividades, que vai de ginástica a escalada, golfe e boliche. Tem até duas pistas de patinação no gelo.

ACHO CAÍDO

Tirando os meses de verão, o vento ali é de cortar a alma. Vista o dobro de roupas de frio se for visitar a região nos meses de inverno (dezembro a março).

@HudsonRiverPark

www.hudsonriverpark.org

> QUINTA AVENIDA – 5TH AVENUE

A Quinta Avenida – que cruza Manhattan do Harlem até Washington Square – divide oficialmente a ilha em leste e oeste e é também o ponto zero para a numeração de prédios e casas (os números aumentam à medida que se afastam dela). No trecho entre 49th St e 60th St – um dos metros quadrados mais caros do mundo – ficam as lojas mais luxuosas e conhecidas da cidade. Estão por ali a famosa joalheria Tiffany's (imortalizada no filme "Breakfast at Tiffany's", com Audrey Hepburn), as lojas de departamentos Bergdorf Goodman e Saks, além das "flagship stores" (ou lojas-conceito) de marcas como Gucci, Bulgari, Prada, entre várias outras maisons. Na época do Natal, então, as lojas montam as vitrines mais incríveis, que viram pontos turísticos disputadíssimos. Um pouco acima, na parte da avenida que ladeia o Central Park, ficam os prédios residenciais mais valorizados da cidade, e passando ali dá para visualizar claramente e entender o que é o "viver bem" nova-iorquino.

ACHO TUDO

O pedaço da Quinta Avenida conhecido como Museum Mile, que leva esse nome por ser onde ficam alguns dos principais museus da cidade (Metropolitan Museum, Guggenheim e Neue Galerie, entre outros). Passeie por ali e saia mais inteligente, hahaha!

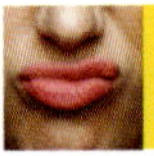

ACHO CAÍDO

O trânsito de pedestres na Quinta Avenida em dezembro é insuportável! Para se ter uma ideia, perto da Saks a prefeitura coloca até barricadas para evitar que as pessoas caiam para fora da calçada em cima de algum carro. Imagina tentar ir no sentido contrário? Você corre o risco de ser atropelado por uma pessoa mais afoita!

O Observatório Top of the Rock, com ótimas vistas do skyline da cidade, abre todos os dias, das 8h à meia-noite, e fica no 60° andar. A entrada é pela W 50th St.

www.topoftherocknyc.com

ACHO TUDO

As 200 bandeiras que ficam em torno do vão central, representando os países que fazem parte das Nações Unidas. Um exemplo simbólico de que o mundo pode, sim, ser um só.

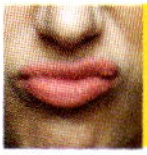

ACHO CAÍDO

A NBC grava ali, todos os dias, flashes ao vivo para o seu Today Show, uma das coisas mais cafonas que a TV americana já fez. Parece programa popular dos anos 1980, argh!

> ROCKEFELLER CENTER

A família Rockefeller é um dos clãs mais tradicionais de Nova York e, consequentemente, dos EUA. O complexo de 19 prédios comerciais (vários deles verdadeiras joias vivas do art déco dos anos 1930) é um dos presentinhos deles para sua cidade natal. O Rockefeller Center ocupa uma área de quase 90 mil metros quadrados em Midtown e tem de tudo: restaurantes, lojas, praças etc. É ali também que todo inverno montam a tradicional árvore de Natal (enorme, linda e toda iluminada) e a pista de patinação no gelo. Ok, ok, dei dois exemplos meio manjados, mas também emblemáticos da proporção que o Natal ganha aqui em Nova York.

Midtown: *entre 5th Ave, W 48th St, 6th Ave e W 51st St.*

47-50 Sts B D F M

@rockcenternyc

www.rockefellercenter.com

> SAINT PATRICK'S CATHEDRAL

Nem vem me achar carola porque eu tô mandando ver igreja, tá? Primeiro porque nem católica eu sou (nada contra), segundo porque não é por nenhum motivo metafísico que eu estou indicando essa. Mas se trata da maior catedral da cidade, toda em estilo neogótico e está ali desde 1878 – no meio das lojas da Quinta Avenida e colada ao Rockefeller Center –, com capacidade para mais de duas mil pessoas. Imagina, a catedral ocupa um quarteirão inteiro! Então vá dar uma olhada, porque ela também foi tombada como patrimônio histórico nacional e vale a espiada. O horário das missas é muito variado, principalmente em datas comemorativas católicas. Veja no site se quiser escutar o órgão e o coral.

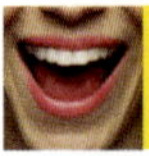

ACHO TUDO

Os vitrais que reproduzem a mesma sensação de entrar nas igrejas góticas da Europa.

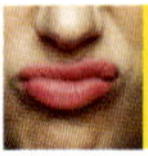

ACHO CAÍDO

O órgão original do século 19 foi substituído por uma versão "moderna" nos anos 1990.

Midtown: 5th Ave, entre E 50th St e E 51st St.

5 Av – 53 St (E) (M)

www.saintpatrickscathedral.org

ACHO TUDO

O calçadão para pedestres no pedaço em que antes passavam carros, na confluência da 7th Ave com a 42nd St. Era uma confusão danada para os carros e para o pessoal a pé. Agora finalmente tem uma área para tirar fotos e até mesmo se sentar sem ser atropelado por uma multidão de japoneses tirando foto até do seu sapato. Affff!

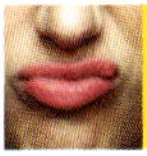

ACHO CAÍDO

O evento de comemoração de Ano Novo por lá, tumultuado e com shows meio duvidosos, tipo Mariah Carey. E aquela bola caindo do prédio, que eu não entendo bem qual é a proposta. Sorry, EUA, mas Ano Novo em Copacabana é bem mais bonito e alto-astral.

> TIMES SQUARE

Eu poderia resumir a experiência de ir pela primeira vez à Times Square com três letrinhas: BAM! É assim que fica nossa cabeça quando se vai lá pela primeira vez. É tanto neon, LED, cartaz e tudo mais que deixam a gente tonta. Mas tá aí a graça da história toda: essa confusão de símbolos e luzes. É em torno dela que ficam também os musicais da Broadway, as mil e uma lojas (Hershey's, M&M's, NBA, Toys 'R' Us, Disney), o museu de cera Madame Tussauds. Quando olhar para cima, não deixe de notar os letreiros icônicos da Coca-Cola, da Toshiba, da NASDAQ. Eu poderia gastar meu rico português aqui horas, mas essa é uma experiência que só os olhos podem captar em sua totalidade. Só se prepare para o formigueiro humano – são mais de 26 milhões de visitantes por ano passando por ali.

Midtown: o "epicentro" é o cruzamento da Broadway com a 7th Ave e W 44th St.

42 St B D F M N Q R S 1 2 3 7

@TimesSquareNYC

www.timessquare.com

> UNION SQUARE

É ela que anuncia a chegada a Downtown. Uma praça grande, cheia de bancos, gramadinho e frequentada por estudantes, loucos de plantão, músicos de rua e curiosos a rodo. Ela é rodeada por várias coisas legais para fazer – tem a livraria Barnes and Noble, alguns restozinhos bem charmosos e, tirando a Times Square, tem a estação de metrô mais útil de Manhattan. Ao longo do ano, também tem uma série de intervenções de artistas plásticos ao ar livre, não se esqueça de olhar com atenção os gramados quando passear pela área. Outro endereço superpertinho dali é o Irving Place, antro dos riquinhos de Downtown e muito lindo para visitar. Parece um pedaço perdido da Inglaterra vitoriana, com seus prédios de tijolinhos vermelhos.

Midtown: entre E 14th St, Park Ave South, E 17th St e Broadway.

Union Sq L N Q R 4 5 6

@UnionSquareNY

www.unionsquarenyc.org

ACHO TUDO

O Green Market, um mercado de produtos orgânicos fresquinhos a céu aberto que ocupa as calçadas da praça todas as segundas, quartas, sextas e sábados das 8h às 18h. Uma instituição nova-iorquina e boa oportunidade de encontrar na cidade um pão sem conservantes ou docinhos sem corantes – algo difícil nos EUA, como você deve imaginar.

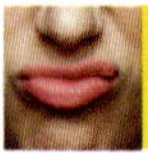

ACHO CAÍDO

O conjunto de corredores de barracas que eles montam na temporada de Natal – só tem cacareco sem nenhuma utilidade. Eu, nesses cinco anos que morei aqui, nunca consegui comprar nem um grampo de cabelo lá. Não perca seu tempo.

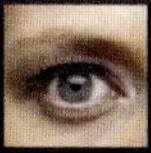

ARTISTAS DE METRÔ

A PARADA DE METRÔ DA UNION SQUARE É, SEM DÚVIDA NENHUMA, O REDUTO DAQUELES QUE AQUI CHAMAMOS DE "SUBWAY ARTISTS". ENTÃO, QUANDO ESTIVER DENTRO DELA, NÃO DEIXE DE NOTÁ-LOS. ALGUMAS "DIDICAS": O CLONE ABSURDO DO MICHAEL JACKSON, O CARA QUE FAZ PERCUSSÃO COM BALDES DE PLÁSTICO E TODOS OS CARAS QUE DANÇAM DENTRO DOS VAGÕES E DESCEM ALI QUANDO O TREM CHEGA.

> WORLD TRADE CENTER – GROUND ZERO

Momentinho luto agora: tem que passar lá para entender a proporção do impacto do terrorismo para os Estados Unidos. Gente, é onde ficavam, desde 1973, as duas torres gêmeas (Twin Towers) com mais de 100 andares. Em 11 de setembro de 2001, foram destruídas pela turminha do Bin Laden, que matou, simplesmente, milhares de pessoas num dos ataques terroristas mais horríveis da história. Hoje, existe ali um memorial contando toda a história das torres e do atentado. E os vários projetos arquitetônicos para o local (do masterplan de Daniel Libeskind às torres de Skidmore, Owings & Merrill ou Richard Rogers e a estação de metrô de Santiago Calatrava) estão em construção. De qualquer forma, é um daqueles passeios bastante esclarecedores sobre a história recente dos EUA.

Downtown: *na ponta sul de Manhattan.*

Fulton St A C J Z 2 3 4 5

www.wtc.com

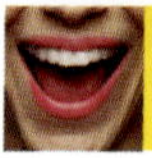

ACHO TUDO

Ao passear por ali, você automaticamente tem que passar por toda a área da prefeitura, o City Hall, com várias construções neoclássicas gigantes que hospedam os diferentes órgãos oficiais.

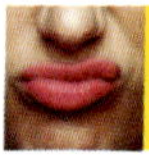

ACHO CAÍDO

Depois de todos esses anos, não fizeram nada na região. Tá na cara que isso é arma política. Meu recado: governo americano, hora de seguir em frente, please.

> YANKEE STADIUM

Os Yankees são o time de baseball mais popular da cidade e um dos "mais-mais" dos EUA. O estádio original foi construído em 1923, no Bronx. Agora fizeram um novo, atravessando a rua, para ser a casa oficial do time. Investimento megamilionário que fez os Yankees aparecerem com um dos estádios mais high-tech dos últimos tempos. Vale muito a pena ir um dia para ver uma partida de baseball. No começo, como a gente não entende direito, fica falando que é chato e tal, mas ao longo do tempo vai compreendendo melhor as regras, conhecendo os jogadores (tem uns beeeem gatinhos, hahaha!) e vai se afeiçoando. Passeio "American style" que, se eu fosse você, não deixaria de fazer. Ingressos são vendidos no site. Os mais ávidos e curiosos podem ir apenas para visitar o estádio e fazer compras na lojinha.

ACHO TUDO

As mais de 1.000 telas HD que eles instalaram para todos os mais de 50 mil torcedores não perderem nenhum lance do jogo. E, para acompanhar a partida, o estádio oferece milhões de opções de comida – churrasco, hot dog, pipoca, pizza. Ok, ok, tudo meio "junk", mas comer assim faz parte do programa de estar em um estádio americano! E já que você vai estar ali, não deixe de comprar um boné azul-marinho com o símbolo dos Yankees – esse é um belo souvenir de uma visita a Nova York!

ACHO CAÍDO

Aqui, quando o jogo é ao vivo, eles param a partida toda hora que tem comercial na tevê. Realmente, o dinheiro fala mais alto!!!

Bronx: *1 E 161st St (718-293-4300).*

161 St – Yankee Stadium B D 4

@Yankees

newyork.yankees.mlb.com

> O ANO EM NOVA YORK

Alguns eventos são "true New York experiences", ou seja, verdadeiras experiências nova-iorquinas. Ao programar sua viagem, não deixe de checar, pela internet, a data dos principais eventos da cidade. Aqui vão apenas alguns deles:

SAINT PATRICK'S DAY

Imagine um Halloween, só que com todo mundo vestido de verde e com trevos de quatro folhas. É meio assim o dia do santo irlandês em Nova York, que todo ano é celebrado com uma megaparada e festa pelas ruas. Não esqueça que os irlandeses imigraram em massa para os EUA no século 19, então espere ruas cheias de irlandeses bem alegrinhos depois de várias cervejas. No dia 17 de março.

NEW YORK MARATHON

É uma das principais maratonas do mundo. Existe desde 1970 e passa pelos cinco distritos que compõem Nova York, até terminar no Central Park. Todo primeiro domingo de novembro.

@INGNYCMarathon

www.ingnycmarathon.org

GAY PRIDE

Toda cidade tem sua parada gay, mas tudo começou há mais de 40 anos em Nova York, mais precisamente no bar Stonewall, do West Village, onde aconteceram os primeiros protestos contra o preconceito aos gays nos EUA – e onde o movimento se consolidou. Hoje, a Parada começa na 36th St e termina na Christopher St, onde fica o Stonewall. Ao longo da Parada, carros alegóricos de clubes e organizações simpatizantes se agregam ao desfile, todos celebrando o orgulho gay. No último domingo de junho.

@NYCPride

www.nycpride.org

NEW YORK FASHION WEEK

Sinceramente, Nova York só é fervida mesmo mesmo mesmo (tô falando daquelas festas que nunca terminam, sabe?) em época de semana de moda, quando vem todo mundo para cá! Se estiver por aqui em fevereiro ou setembro, pode afiar suas táticas para descolar convites e se jogar nos eventos mais bombados.

@MBFashionWeek

www.mbfashionweek.com

HALLOWEEN

Andar pelas ruas de Nova York no dia 31 de outubro é outra experiência que só mesmo aqui você vai ter. O povo acredita com tudo no Dia das Bruxas, vai trabalhar fantasiado, vai para a escola com os looks mais absurdos. "Didica": fique na rua mesmo e nem tente ir às festas, todas lotadas e que não valem a espera na fila. Ficar na rua é mais divertido.

BLACK FRIDAY

No dia seguinte ao Thanksgiving (celebrado sempre na última quinta-feira de Novembro), logo no primeiro horário da manhã, rola a famosa e tradicional "Black Friday", que é o dia de liquidação mais radical para os americanos. Queima total de estoques de tudo quanto é loja, inclusive de artigos eletrônicos. Dá para achar boas pechinchas! Mas tome cuidado, já rolaram acidentes horríveis de gente pisoteada na entrada das lojas, tamanho o desespero das pessoas em achar bons "deals".

THANKSGIVING

Feriado essencialmente americano, criado por Abraham Lincoln durante a Guerra Civil americana. Todos os restaurantes fazem menus especiais. Escolha um deles e viva essa experiência. Curiosidade: nos EUA, é nessa data que se come o peru, e não no Natal. Toda última quinta de novembro.

MACY'S PARADE

Nas proporções de um carnaval, esse megadesfile de carros alegóricos e balões flutuantes gigantescos também rola no dia de Thanksgiving. Apesar do nome comercial (a Parade é patrocinada desde os anos 1930 pela loja de departamentos Macy's), é um evento que atrai tanto turistas como os nova-iorquinos legítimos, pois é considerado uma tradição da cidade. Toda última quinta de novembro.

> INFO PARA TODOS

Espalhadas pelas ruas de Nova York, há várias caixinhas com revistas e jornais. Por muitos deles você tem que pagar, mas tem dois gratuitos que dão um bom e moderno mapa da mina dos acontecimentos semanais.

The L Magazine é uma revistinha que começou no Brooklyn, roteirizando tudo o que acontece em torno da linha L de metrô, que sai da 14th St e mergulha bairro adentro. É uma sugestão para quem quer se aventurar do lado de lá do rio sem dar furo n'água.

@TheLMagazine

www.thelmagazine.com

The Village Voice, um jornal em formato de tabloide. Sai toda quarta e tem um povo bem moderno por trás. A sede fica em frente à Cooper Union, no coração do East Village, logo onde começa a Bowery. Só com isso já dá para ver que quem faz o jornal é uma galera descolada e totalmente nova-iorquina. Pode confiar.

@villagevoice

www.villagevoice.com

E, POR ALGUNS TROCADITOS, NÃO DEIXE DE COMPRAR NAS BANCAS:

A revista **Time Out**, que sai toda quarta, é, na minha opinião, o guia mais completo e atualizado da cidade. As críticas de peças de teatro e filmes normalmente batem direto com a minha opinião. Pode confiar quando a Time Out falar que uma atração é imperdível – ou evite ir quando ela disser que não vale a pena.

@TimeOutNewYork

www.timeoutny.com

A revista **New York Magazine**, filha do new journalism dos anos 1960, é boa referência de crítica. O site também é ótimo, traduz bem o conteúdo para o formato online, e eles são sempre uns dos primeiros a notificar o leitor de que um lugar fechou (algo que as concorrentes demoram um pouco para fazer).

@NYMag

www.nymag.com

O jornal **The New York Times** é "véio", de papel, mas, desculpa, tem que ler. O NYT existe desde 1851, tem articulistas ótimos e faz um jornalismo supercompetente – já ganhou 104 prêmios Pulitzer, tá? Nada mais delicioso que ler a edição de domingo com calma, ver a T Magazine e o caderno Sunday Styles.

@nytimes

www.nyt.com

CULTURAMA

UM DOS PRINCIPAIS ATRATIVOS DA CIDADE É A SUA VIDA CULTURAL. NOVA YORK É MEIO VITRINE DO MUNDO E PODE TER CERTEZA DE QUE QUEM ESTÁ ACONTECENDO NESTA CENA ESTARÁ VENDENDO SEU PEIXE PARA O MUNDO TODO. MAS TEM COISAS QUE VALEM MAIS A PENA DO QUE OUTRAS, TEM COISAS QUE NÃO VALEM NADA A PENA, OUTRAS PARECEM QUE VALEM MAS NÃO VALEM. ENTÃO, VAI AQUI MEU MAPA DA MINA PARA VOCÊ SE DAR BEM SEM SE PERDER NO MEIO DESSE MONTÃO DE OPÇÕES.

> BROADWAY

A gente chama de "Broadway" aquele pedaço da tradicional avenida que cruza com a Times Square. Chegar à região já é um espetáculo "em si": os letreiros, os cartazes e gente de tudo quanto é canto. É ali que ficam praticamente todos os musicais da cidade. E é aí que mora o perigo, porque tem vários espetáculos, todos se vendendo como a última Coca-Cola do deserto. Mas, na minha opinião, muitos são cafonas, ou já foram para o Brasil. Meus favoritos, de uma maneira geral, são os inspirados em grandes sucessos do cinema: Mary Poppins (ai, é muito fofo!), Billy Elliot e Wicked. E a novidade, The Book of Mormon, uma comédia superpoliticamente incorreta (e hilária!) dos criadores de South Park.

ACHO TUDO

É muito fácil chegar lá de metrô, quase todas as linhas param ali.

ACHO CAÍDO

Os ingressos são caros, no geral, em torno de US$ 100 por pessoa.

BILLY ELLIOT – THE MUSICAL

Imperial Theatre – 249 W 45th St, entre 7th Ave e 8th Ave (212-239-6200).

www.billyelliotthemusical.com

MARY POPPINS

The New Amsterdam Theatre – 214 W 42nd St, entre 7th Ave e 8th Ave (212-282-2900).

www.marypoppins.com

WICKED – A NEW MUSICAL

Gershwin Theatre – 222 W 51st St, entre 7th Ave e 8th Ave (212-586-6510).

www.gershwintheatre.com

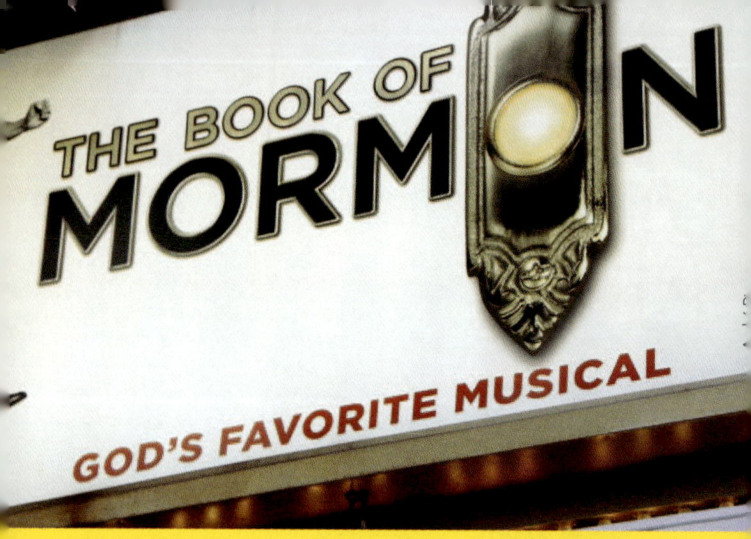

THE BOOK OF MORMON

Piadas sobre mórmons, judeus, católicos, pobreza, fome na África e AIDS. O que poderia ser visto como a coisa mais politicamente incorreta do mundo é, na verdade, um dos musicais da Broadway de maior sucesso nos últimos tempos. Quem conhece a animação South Park sabe que o texto dos criadores Matt Stone e Trey Parker é assim mesmo: não perdoa nada nem ninguém. Tanto sarcasmo e ironia são, na verdade, resultado de uma crítica bem estudada dos acontecimentos e manias do cotidiano americano. Em "The Book of Mormon" todo mundo é alvo. É por isso mesmo que o público ri e aprova.

EUGENE O'NEILL THEATRE
230 W 49th St, entre 8th Ave e Broadway (212-239-6200).

www.bookofmormonbroadway.com

> TKTS

Bem no meio da Times Square tem os guichês do TKTS, que vendem ingressos com desconto para vários shows. Tudo bem, o ingresso mais barato tem lá seus percalços: não dá para comprar com antecedência (é um esquema meio "last minute", de adquirir o que tem disponível para o mesmo dia), tem que enfrentar uma fila meio chata e, se você está em turma, é praticamente impossível conseguir assentos juntos. Mas a sensação de pagar menos pelos ingressos recompensa.

Há outros dois guichês TKTS, um em South St Seaport e outro em Downtown Brooklyn, que vendem ingressos para as matinês com um dia de antecedência e para os shows noturnos no dia da compra.

Os guichês ficam abaixo da escadaria vermelha da Father Duffy Square, na Broadway com a 47th St, e funcionam no esquema a seguir:

App Store: o aplicativo TKTS para iPhone e iPad permite verificar a disponibilidade e os descontos de entradas nos três pontos de venda. Assim você só entra na fila se souber que o que quer comprar está à venda.

www.tdf.org/tkts

Matinê (meio ou fim da tarde) no dia da compra: de quarta a sábado, das 10h às 14h | domingo, das 11h às 15h | não é possível comprar ingressos para os shows noturnos nesses guichês entre as 10h e as 14h.

Shows noturnos no dia da compra: segundas, quartas, quintas, sextas e sábados, das 15h às 20h | terças, das 14h às 20h | domingos, das 15h até uma hora e meia antes do início do último espetáculo disponível.

> OFF BROADWAY & OFF-OFF BROADWAY

Se Broadway originalmente diz respeito à região dos teatros voltados para musicais e peças, fica fácil entender o que é Off Broadway ("fora" da Broadway), não? Mais ou menos, porque "Off Broadway", que já foi sinônimo de peças mais alternativas que reagiam ao "estilo Broadway de ser", já ultrapassou essa barreira há muito tempo. Basta dizer que espetáculos populares hoje em dia – como Stomp, Blue Man Group e Avenue Q – são classificados como Off Broadway. Isso só para citar exemplos que já passaram pelo Brasil. Mas, calma, porque aí surgiu então o termo Off-Off Broadway – onde você encontra peças mais "cabeçudas". Teatros menores, textos bem alternativos, pouca produção e mais conteúdo (muito chato, às vezes!). Basicamente, o que era Off Broadway antes de se popularizar!

> *Para informar-se sobre o que está em cartaz na cidade, dê uma olhada na seção Arts + Culture do site da revista Time Out.*
>
> www.timeoutny.com

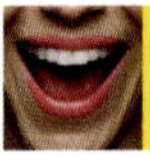

ACHO TUDO

Checar a programação Off Broadway antes de vir para cá é um "must". O circuito guarda boas surpresas, como peças com propostas arrojadas e inovadoras (caso do Blue Man Group, quando eles começaram) e muitas vezes em curta temporada.

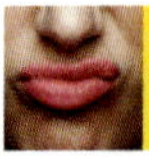

ACHO CAÍDO

A não ser que seu inglês seja mega-afiado e que você realmente adore textos clássicos de teatro, não se arrisque. A peça pode ser incrível, mas só vale a pena se essa for realmente a sua "praia".

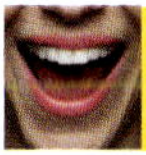

ACHO TUDO

Além da variedade de festivais que essas salas criam, elas também conseguem originais de vários clássicos do cinema, tipo Hollywood anos 1950, Godard, neorrealismo italiano ou coisas que a gente não tinha nem nascido quando passaram na telona.

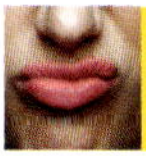

ACHO CAÍDO

Nova-iorquino é muito informado e às vezes mal saiu na revista Time Out ou no New York Times e já acabaram os ingressos. Putz, filme é lazer, não compromisso, né?

> CINE CULT

Esses são os complexos de cinema daqui que mostram filmes mais "fora do circuito". Não que eu não ame um bom blockbuster, mas é nessas salas que você vai encontrar filmes independentes, estrangeiros e festivais temáticos, que só rolam por aqui mesmo, e que você só verá no Brasil um tempinho depois.

FILM FORUM
Soho: *209 W Houston St, entre 6th Ave e Varick St (212-727-8110).*

@FilmForumNYC

www.filmforum.org

ANGELIKA FILM CENTER
West Village: *18 W Houston St, esquina com Mercer St (212-995-2570).*

www.angelikafilmcenter.com

IFC CENTER (INDEPENDENT FILM CHANNEL)
West Village: *323 6th Ave, entre Carmine St e W 3rd St (212-924-7771).*

@IFCCenter

www.ifccenter.com

LINCOLN PLAZA CINEMA
UWS: *1886 Broadway, entre W 62nd St e W 63rd St (212-757-0359).*

www.lincolnplazacinema.com

> FRICK COLLECTION

Tirando o Metropolitan Museum, acho esse o melhor passeio para quem quer ver arte "das antigas". Eles têm uma farta seleção de obras-primas da história da arte ocidental, coisinhas tipo Rembrandt, Vermeer, Renoir, Velázquez, Goya, El Greco. Tudo parte da coleção permanente deles. Uma rápida e gostosa aula de arte europeia longe da Europa. Fecha na segunda-feira.

ACHO TUDO

A mansão onde fica a Frick Collection é uma casa linda e enorme feita no começo do século 20. Aliás, repare no filme "Os Vingadores" (The Avengers), de 2012. A casa dos heróis da Marvel é uma reprodução fiel da mansão.

ACHO CAÍDO

A coleção permanente é tudo, mas o ritmo de exposições é meio lerdo, para não dizer parado. Podiam agitar um pouco mais.

UES: 1 E 70th St, esquina com 5th Ave (212-288-0700).

68 St – Hunter College (6)

@frickcollection

www.frick.org

GALERIAS DE ARTE

MUITO DA (BOA) ARTE EM NOVA YORK ESTÁ NAS GALERIAS DA CIDADE. UMAS SÃO MAIS CONVIDATIVAS QUE OUTRAS – ALGUMAS TÊM ATÉ VIDRO BLINDADO, TÁ? É NELAS QUE FICA MUITO DA PRODUÇÃO ATUAL, COISAS QUE VOCÊ NÃO VAI VER NOS MUSEUS. SE DER TEMPO, VÁ ATRÁS DA GAGOSIAN, MARIAN GOODMAN, GAVIN BROWN, TONY SHAFRAZI E SPERONE WESTWATER GALLERIES. DOMINGO E SEGUNDA SÃO OS DIAS EM QUE TODAS FECHAM.

Gagosian Gallery
UES: *980 Madison Ave, entre E 77th e 76th St (212-744-2313).*
Chelsea: *555 W 24th St, quase esquina com 11th Ave (212-741-1111), e 522 W 21st St, entre Highline e 11th Ave (212-741-1717).*

www.gagosian.com

Gavin Brown's Enterprise
West Village: *620 Greenwich St, esquina com Leroy St (212-627-5258).*

www.gavinbrown.biz

Marian Goodman Gallery
Midtown: *24 W 57th St, entre 5th Ave e 6th Ave (212-977-7160).*

www.mariangoodman.com

Sperone Westwater Gallery
LES: *257 Bowery, entre E Houston St e Stanton St (212-999-7337).*

www.speronewestwater.com

Tony Shafrazi Gallery
Chelsea: *544 W 26th St, entre Highline e 11th Ave (212-274-9300).*

www.tonyshafrazigallery.com

DOU-LHE UMA, DOU-LHE DUAS

A casa de leilões inglesa **Phillips de Pury**, dissidente da Christie's, faz os leilões mais bombados de arte contemporânea da atualidade. Eles têm uma área expositiva incrível, onde as "coisinhas" que vão ser leiloadas – tipo Basquiat, Murakami, Warhol – são exibidas ao público, sob a curadoria dos colecionadores, artistas e donos de galeria. Uma boa oportunidade para ver o que vai ser arrebatado nos seletos leilões da casa, mas só para quem tem uns milhõezinhos à mão para levar uma das obras-primas que a casa negocia.

Midtown: *450 Park Ave, entre E 56th St e E 57th St (212-940-1300).*
Chelsea: *450 W 15th St, entre 9th Ave e 10th Ave (212-940-1200).*

@phillipsdepury

www.phillipsdepury.com

Nova York tem mais duas sedes de casas tradicionais que também mostram o que será leiloado em seus espaços. São elas:

CHRISTIE'S
Midtown: *20 Rockefeller Plaza – W 49th St, entre 5th Ave e 6th Ave (212-636-2000). Os leilões são abertos ao público, mas verifique o que vai ser leiloado e os horários no site.*

www.christies.com

SOTHEBY'S
UES: *1334 York Ave, esquina com E 72nd St (212-606-7000).*

www.sothebys.com

> GUGGENHEIM

Ah, como eu amo esse museu! Não tanto pelas exposições, mas pelo prédio propriamente dito, uma evidência clara da genialidade de Frank Lloyd Wright, um dos arquitetos mais icônicos dos EUA e autor dessa maravilha (em 1959). Não à toa, o edifício foi tombado como patrimônio histórico em 2005, depois de uma bela restauração. A coleção permanente deles também é tudo: Picasso, Chagall, vanguardas russas. As mostras variam. Umas são meio comprometidas: vi uma do Giorgio Armani que parecia showroom da marca. Mas outras são imperdíveis, como a do Richard Prince, um trabalho exímio de pesquisa e curadoria.

Para evitar filas, principalmente quando houver alguma megaexposição, compre o ingresso com antecedência na internet. Fecha na quinta-feira.

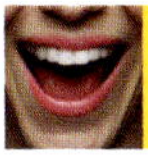

ACHO TUDO

O restozinho que eles abriram em 2009 no topo do prédio. Uma boa recompensa para quem subiu aquelas rampas todas. Os paninis são ótimos, pode pedir.

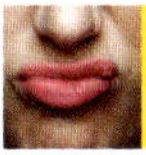

ACHO CAÍDO

Não dá para descer aquelas rampas todas de skate, hahaha! Essa ideia sempre me vem à cabeça quando estou ali, e eu já percebi que as minhas filhas ficam com o mesmo instinto quando entram lá!

UES: 1071 5th Ave, esquina com a E 89th St (212-423-3500).

86 St 4 5 6

@Guggenheim

www.guggenheim.org

> LINCOLN CENTER

Imagine um shopping center todo voltado para as artes performáticas: esse é o jeitão do Lincoln Center. Um complexo de 65 mil metros quadrados, que é base para 12 organizações artísticas e mais de 400 eventos culturais por ano, entre dança, música, ópera, teatro e afins. As imperdíveis para mim: o New York City Ballet, a Metropolitan Opera House e a New York Philharmonic. Fora isso, tem jazz, teatro, cinema, num calendário intenso. Pode ir sem medo que opção não vai faltar. Até a semana de moda da cidade, a New York Fashion Week, rola lá agora.

UWS: 70 Lincoln Center Plaza, entre W 62nd St, W 65th St, Columbus Ave e Amsterdam Ave (212-875-5456).

66 St – Lincoln Center 1

@LincolnCenter

www.lincolncenter.org

ACHO TUDO

Eles reformaram o complexo e aumentaram os espaços livres. Ficou lindo e já vale o passeio ir lá para ver as novas instalações.

ACHO CAÍDO

A programação fica mais fraca no inverno, que é quando a gente tem as férias mais longas no Brasil. Podia ser agitado o ano inteiro, mas fazer o que?

New York City Ballet

@nycballet

www.nycballet.com

Metropolitan Opera House

@MetOpera

www.metoperafamily.org

New York Philharmonic

@nyphil

www.nyphil.org

ACHO TUDO

Mesmo hoje em dia, que dá para comprar tudo online, eles têm vários box-offices no andar térreo vendendo os ingressos. Os atendentes, em geral, são solícitos, mostram os lugares disponíveis – às vezes é mais fácil que ficar fuçando no computador.

ACHO CAÍDO

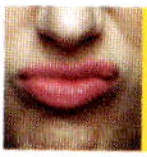

O bololô que fica na área entre a entrada e a rua quando tem evento por lá. Chegar atrasado pode ser um fiasco nessas horas. E pegar táxi na saída de um show é impossível: tem que enfrentar uma fila quilométricaaaaaa de gente querendo um amarelinho. Que mau humor!

> MADISON SQUARE GARDEN

O lugar para encontrar 10 entre 10 estrelas do pop fazendo shows em Nova York sem dúvida nenhuma é o MSG. De Metallica a Britney Spears, todo mundo já passou – ou vai passar – por lá. Aberto desde 1968, está no ranking das casas de shows com maior número de frequentadores do mundo. Mas não é só música que rola lá não: os jogos do Knicks, time "oficial" de basquete da cidade, acontecem ali também e são um programinha bem nova-iorquino, fora outros eventos até meio bizarros (como os "dog shows", aquelas "competições" de cachorros de raça, sabe?). Mas o bom mesmo é a programação musical, só megaestrelas, em geral lançando seus novos álbuns. Não se esqueça de checar a programação antes de ir.

Midtown: *4 Pennsylvania Plaza – W 33rd St, entre 7th Ave e 8th Ave (212-465-6741).*

Penn Station A C E 1 2 3

@MSGnyc

www.thegarden.com

> METROPOLITAN MUSEUM OF ART

O Metropolitan (ou simplesmente Met) é o Louvre de Nova York, ou seja, não tem como não ir. Ok, ele tem aquela cara de espaçonave neoclássica, mas tem um dos acervos mais importantes do planeta. Sem falar nas exposições – mais de dez rolando ao mesmo tempo, em média. Na entrada, você pode até ficar perdido, mas o neoclássico da fachada é a dica: a arquitetura interna segue os princípios de uma mansão tradicional – escadaria no meio, o lado direito é igual ao esquerdo, tudo harmonioso como os gregos pregavam. E mais: ele é literalmente dentro do Central Park, com a entrada voltada para a Quinta Avenida (amo a escadaria da frente, bem no estilo templo romano). O preço do ingresso é sugerido também, então você paga o que quiser para entrar, menos na segunda-feira, quando ele está fechado.

UES: 1000 5th Ave e E 82nd St (212-535-7710).

86 St 4 5 6

@metmuseum

www.metmuseum.org

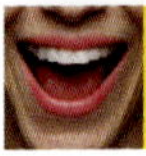

ACHO TUDO

As galerias greco-romanas, que reproduzem na íntegra um santuário daqueles tempos. O departamento de fotografia também merece atenção maior: vem discretamente crescendo e fazendo belas exposições. Não se esqueça de checar.

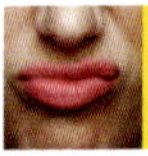

ACHO CAÍDO

Para chegar às mostras boas de verdade, você tem que passar por vários "cacarecos" de outros tempos. Tem vezes em que a gente quer chegar logo na exposição, mas tem que andar um monte por salas e mais salas de cadeiras, pratos e sei lá mais o que. Preguiça.

> MOMA

O Museum of Modern Art é o embaixador oficial da arte moderna na cidade. O edifício, recém-reformado, tem paredes inteiras de vidro, mezaninos e tal. Amo também as escadas rolantes, perfeitas para quem camelou a cidade inteira e ainda assim quer conferir as ótimas exposições. O acervo segue a linha moderna e/ou contemporânea, tanto o de pintura quanto os de escultura, fotografia e design (este, aliás, deixa ali destaques da sua coleção permanente à mostra, além de fazer expos superinteligentes para exibir tudo o que tem). O calendário é bombado o ano todo. Então, sempre vai ter algo incrível para ver. Pode ter certeza.

Para evitar as longuíssimas filas de espera, compre o seu ingresso pela internet com antecedência e lembre-se de que na terça-feira o MoMA não abre.

ACHO TUDO

O espaço para performances ali dentro. Nenhum museu americano tem isso – um lugar que faz "mostras" de performance. Foi onde a artista Marina Abramovic ficou sentada e muda durante três meses, encarando visitantes do museu, numa espécie de "jogo do sério". Imperdível! Também amo o Sculpture Garden.

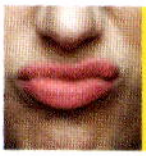

ACHO CAÍDO

A promessa falsa de entrada gratuita às sextas, das 16h às 20h. Forma um filão que eu não pegaria nem se me falassem que o Michael Jackson ressuscitou e está fazendo show ali.

Midtown: 11 W 53rd St, entre 5th Ave e 6th Ave (212-708-9400).

5 Av – 53 St M E

@MuseumModernArt

www.moma.org

App Store

> MUSEUM OF NATURAL HISTORY

Esse é um típico exemplo de como os americanos são fantásticos na embalagem das coisas. A partir de objetos que, isoladamente, não empolgariam muito (esqueletos de animais, pedras, filminhos sobre a vida natural no planeta, maquetes etc.), os caras conseguem seduzir você com mostras criativas e fazer de tudo isso um excelente passeio. A parte do planetário, para mim, é o exemplo máximo: tem até balança simulando o peso que você teria nos diferentes planetas do Sistema Solar, por causa da diferença da força da gravidade em cada um deles. Outro ponto imperdível é a seção do Oceano, com a megarréplica da baleia-azul sobrevoando o salão. E cada hora eles inventam uma nova: até exposição sobre o cérebro humano os caras já fizeram.

UWS: *Central Park West com W 79th St (212-769-5100).*

81 St B C

@AMNH

www.amnh.org

App Store

ACHO TUDO

Tem uma parada de metrô na porta (81st St, das linhas B e C). Nada melhor que chegar direto no museu – e a saída da estação ainda dá de cara com o Central Park. E o melhor é que abre todos os dias da semana.

ACHO CAÍDO

O sistema de segurança inconveniente que trata todos como terroristas em potencial. Ir com uma bolsa pode ser a maior cilada. Pior que aeroporto. E tem dias que parece que o museu juntou excursões de todas as escolas de Manhattan ali dentro. Eu sei que isso não tem como prever, mas evitar ir em dias de chuva já é um bom começo para escapar de um Natural History hiperpovoado.

> NEUE GALERIE

ACHO TUDO

O restaurante do museu, o Café Sabarsky, reproduz os cafés vienenses. Hummmm, os doces são incríveis, principalmente o famoso "apfelstrudel". E muitas vezes rola um som ao vivo de piano na hora do almoço. Very chic!

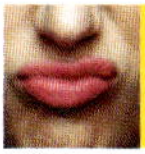

ACHO CAÍDO

O jeito esnobe como tratam você na porta. É daquele tipo de lugar que avalia as pessoas pelos símbolos de riqueza que carregam. Tão não chique... affffff!

Essa é meio que a bandeira da arte germânica na cidade. Tô falando "germânica" porque eles fazem mostras não só de arte alemã, como austríaca também. Ou seja, muito art nouveau (eles têm obras raríssimas de Gustav Klimt, a-do-ro!), muito design e expressionismo. Nem sempre as mostras são incríveis, mas, bem, ele é do lado do Met e do Gug (afinal, faz parte da Museum Mile), então a visita acontece por osmose. E, como fica numa ex-mansão do Upper East, não leva muito tempo para ver tudo e, de quebra, você vê como os ricos da região moravam ou ainda moram (a Madonna tem uma casa parecida a alguns quarteirões dali, por exemplo). Só não deixe para visitar na terça ou na quarta, pois é quando eles têm folga.

UES: *1048 5th Ave, esquina com E 86th St (212-994-9493).*

86 St 4 5 6

@NeueGalerieNY

www.neuegalerie.org

> NEW MUSEUM

O New Museum é o precursor do neohype em torno da Bowery, que antes era antro dos drogaditos e agora está cheia de lojas cool e restôs tudo. O museu se dedica, por princípio, a toda a arte feita no século 21, ou seja, é o novo do novo. O prédio segue a mesma linha: um projeto genial dos arquitetos da Sanaa, escritório japonês que fez também as lojas de Issey Miyake e da Dior, em Tóquio. Definitivamente, foi o New Museum que reacendeu a cena das artes em Downtown, que muitas vezes é mais cool do que a conservadora Uptown. Outra sacada dos caras é que eles não cobram para você entrar no lobby, que tem uma livraria-arraso e uma cafeteria com refeições pensadas para quem se preocupa com calorias, mas ao mesmo tempo não quer comer só alface e tomate.

O New Museum não abre na segunda nem na terça.

LES: *235 Bowery, na altura da Prince St (212-219-1222).*

Bowery J Z

@newmuseum

www.newmuseum.org

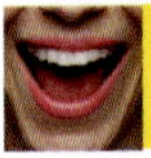

ACHO TUDO

O quinto andar, que é todo de vidro e tem sacadas abertas para o público. A vista é inesquecível.

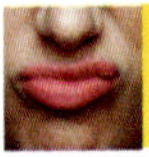

ACHO CAÍDO

Esse conceito só arte do século 21 é meio faca de dois gumes. Dá uma pesquisadinha antes de ir para ver se a mostra é mesmo interessante, afinal, são US$ 14 para entrar.

> NEW YORK PUBLIC LIBRARY

ACHO TUDO

O Ask NYPL, um serviço de consulta 24 horas, nos sete dias da semana (por telefone e online), que dá informações sobre tudo o que eles têm lá dentro. Detalhes no www.nypl.org/ask-nypl.

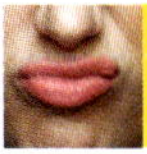

ACHO CAÍDO

Que ela só abre das 13h às 17h aos domingos. Poxa, domingão é o dia internacional da leitura, né?

Tá bom, quem quer ir para Nova York e ficar enfiado no meio de um monte de livros? Mas, calma, porque a biblioteca pública de Nova York é um caso à parte. Primeiro, ela é a terceira maior dos EUA (mais de 20 milhões de livros, cuidados por um staff de mais de 3 mil pessoas). Segundo: ela foi construída em 1895, e eles preservam com primor as instalações – visitinha meio túnel do tempo. Terceiro: ela fica na 42nd St, superfácil de chegar, e colada no charmoso Bryant Park, que é inteiro Wi-Fi e pode ser uma boa parada para descansar no meio do dia.

Midtown: 5th Ave, esquina com W 42nd St (917-275-6975).

5 Av (7)

@nypl

www.nypl.org

PARA FAZER "TICO E TECO" FUNCIONAREM

Se tiver um tempinho de sobra e estiver muito a fim de respirar (mais) informação, não deixe de visitar a 92Y. Essa instituição super-respeitada (existe desde 1824!!!) – e supercompetente – organiza algumas das palestras mais bacanas da cidade. Já vi ali um bate-papo do Jeff Bezos (fundador da Amazon.com) com o Chris Anderson (editor da revista Wired); o Woody Allen falando de seus filmes favoritos; e até uma palestra incrível do Bill Gates e seu pai, sobre a educação de pai para filho. Os ingressos não são caros (em torno de US$ 25-30) e a lista de personalidades interessantes que passam pela 92Y vai longe! Recomendo.

92Y

UES: *1395 Lexington Ave, esquina com 92nd St Y (212-415-5500), e o 92Y Tribeca fica no 200 Hudson St, entre Desbrosses St e Vestry St (212-601-1000).*

@92Y

www.92y.org

> RADIO CITY MUSIC HALL

É lá que acontecem supereventos como o Grammy e o MTV Music Awards, mas, bem, esses são fechados para convidados, né? Mas quem sabe você não dá sorte de passar e ver chegando por lá a Lady Gaga, Katy Perry... Ok, chega de sonho e vamos à realidade: o espetáculo Christmas Spectacular é parada obrigatória no Natal desde 1933. Muita gente acha brega, mas não tem como desmerecer a técnica das Rockettes, dançarinas que fazem números hipercoreografados, uma das principais atrações desse espetáculo desde os anos 1920. Imagina fazer cinco shows por dia, nos sete dias da semana, durante toda a temporada do Natal? Fofito, espírito natalino puro.

Dá para visitar o backstage do Radio City em um tour, o Stage Door Tour, a cada meia hora, diariamente, das 11h às 15h.

ACHO TUDO

Os passos das meninas, que, além de hipersincronizadas, conseguem levantar a perna até a altura dos olhos várias vezes durante o show!!! Não tente fazer isso em casa, hein? Elas estão no Twitter no @Rockettes, e têm até um site, o www.rockettes.com.

ACHO CAÍDO

Os figurinos não são, assim, a coisa mais sexy do mundo. Tem uns verdes que são de desmaiar de pavor.

Midtown: 1260 6th Ave, entre W 50th St e W 51st St (212-465-6100).

47-50 Sts B D F M

@RadioCity

www.radiocity.com

App Store

> WHITNEY MUSEUM

Este é o respiro artsy entre as carésimas lojas da Madison Ave e também um sopro de modernidade na região. Com um prédio concebido por Marcel Breuer, expoente máximo do design moderno, o Whitney é uma boa oportunidade para ver trabalhos multimídia, especialmente nas suas bienais. A coleção segue essa linha: mais de 18 mil obras de nomes fundamentais da arte da segunda metade do século 20, como Jackson Pollock, Jasper Johns e Alexander Calder. E fique de olho também na filial que eles estão construindo no MePa, projeto do superarquiteto Renzo Piano, colado no Highline, prometida para 2015.

Na sexta-feira, entre as 18h e as 21h, você paga o quanto quiser por sua entrada. Menores de 18 anos entram grátis sempre. Fechado às segundas e terças.

UES: *945 Madison Ave, esquina com E 75th St (212-570-3600).*

77 St (6)

@whitneymuseum

www.whitney.org

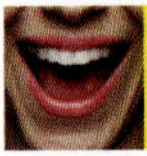

ACHO TUDO

A bienal deles se estende até o Central Park e artistas podem exibir instalações no parque como parte da mostra. Ideia genial. Nos anos pares.

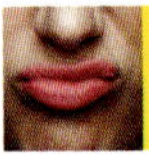

ACHO CAÍDO

O fato do Whitney ser um museu vertical demais. Tudo bem, o MoMA é assim também, mas o MoMA, além de elevador, tem escada rolante. Ficar subindo e descendo para ver exposição é meio chato, fora que quando o museu lota você fica ali esperando o maior tempão sua vezinha no elevador, que muitas vezes já abre lotado e não dá para entrar. Afffff!

BAFO

Não tem lugar no mundo mais agitado do que Nova York no verão. Todo mundo faz programação especial. Vai uma listinha das melhores, mas prepare-se para as multidões.

ROOFTOP FILM FESTIVAL

Projeto itinerante que monta telas de cinema no topo de diferentes prédios da cidade.

@RooftopFilms
www.rooftopfilms.com

SUMMERSTAGE MUSIC

Festival de shows gratuitos que rola no Central Park durante todo o verão. Meeeeegalotado!

@SummerStage
www.summerstage.org

ROOF DO MET

A cada ano, um artista faz intervenções no topo do Met. Vista incrível do parque e do skyline da cidade.
5º andar do Metropolitan Museum. Aberto de maio até o fim do outono, sempre que não chover ou ventar demais. O bar fica aberto até as 20h.

www.metmuseum.org

GOVERNOR'S ISLAND PARK

A ilha, que já foi base militar, é aberta para o público de junho a outubro. Uma boa opção para quem não encontrou lugar no gramado dos parques. Vistas incríveis de Lower Manhattan e da Estátua da Liberdade.
O ferry sai do Battery Maritime Building, na 10 South St.

@Gov_Island
www.govisland.com

ONDE FICAR

EU ACHAVA QUE SERIA DIFÍCIL RECOMENDAR HOTÉIS, MAS DEPOIS FUI PERCEBENDO QUANTOS JÁ FREQUENTEI, SEJA ATRAVÉS DE AMIGOS OU DA PENCA DE COISAS QUE ROLAM NELES: BALADAS, SHOWS, RESTAURANTES E OUTROS EVENTOS. LISTEI OS QUE FIZERAM PARTE DA MINHA VIDA DE ALGUMA FORMA. AGORA UMA COISA EU AVISO: HOTEL AQUI É MEIO CARO DEMAIS. ENTRE AS MINHAS DICAS VOCÊ VAI ACHAR ALGUNS MAIS BARATEX, MAS TEM OUTROS QUE PEDEM UMA CARTEIRA BEM RECHEADA. VEJA QUAL ENTRA NO SEU BUDGET E APROVEITE!

ACHO TUDO

O conceito hotel-balada é levado a sério. Rolam umas apresentações bem legais de DJs no lobby.

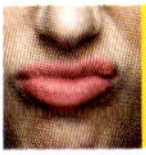

ACHO CAÍDO

A localização – Midtown – não é das minhas favoritas. Acho uma região meio sem personalidade, muito agitada e barulhenta. Mas o Ace não está ali por acaso. O prédio, construído originalmente em 1904, era o The Breslin Hotel, em uma época em que Midtown tinha um apelo bem diferente.

> ACE HOTEL

Um hotel para ver e ser visto – então capriche na mala se for ficar aqui. Os caras mandaram bem nos restaurantes. O John Dory, com um oyster bar delicinha, caso você não queira enfrentar a frequência beeeem mainstream do Oyster Bar da Grand Central. E o The Breslin, da conhecida chef April Bloomfield (a mesma do Spotted Pig, restô bacaninha no West Village – veja na pág. 129). O "mote" do The Breslin é a culinária inglesa. O brunch, aos domingos, é um dos melhores daqui (mas sempre tem espera, já vou avisando). O Ace tem ainda uma versão menor da loja-tudo Opening Ceremony. Hummm, então, pensando bem, dou outro conselho: venha de malas vazias e se jogue na loja. Depois, é só mandar entregar tudo no quarto, hehehe. Os quartos têm cara de sala de estar, ótimo para fazer um esquenta antes de sair. Ou seja, é hotel-balada. Vá ciente disso.

Midtown: 20 W 29th St, entre Broadway e 5th Ave (212-679-2222).

28 St (N)(R)

www.acehotel.com

> BOWERY HOTEL

Um pedacinho de aconchego chique na Bowery, que já foi reduto do underground e hoje é a nova área cool da cidade. Os quartos têm uma cara meio antiguinha e o hotel é todo forrado de tapetes orientais e cheio de luminárias marroquinas. Dá todo um clima. O restô Gemma, que fica no lobby, também é bacana. Mas essa é só uma das várias opções (boas) gastronômicas que ficam perto do hotel. Tem uma baladinha que rola no mezanino, mas, sinceramente, nas vezes em que fui, achei uma coisa meio "festa estranha com gente esquisita". Uma pena, porque tem um terraço lindo e enorme nessa área. Bom, vai ver que eu que tive a experiência azarada, então tenta se estiver a fim.

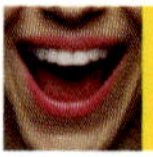

ACHO TUDO

As vistas que os quartos têm, tanto da Bowery como do East Village e do Lower East. Mais Downtown, impossível.

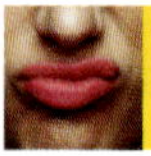

ACHO CAÍDO

Eles alugam demais as dependências para eventos, que às vezes não são assim muito, ahm, glamourosos. Uma coisa é festa do Oscar, outra é encerramento do trimestre do RH do FedEx, ou sei lá o que.

East Village: *335 Bowery, entre E 2nd St e 3rd St (212-505-9100).*

Bleecker St 6

@boweryhotelnyc

www.theboweryhotel.com

> CHELSEA HOTEL

Quem quiser hospedar-se no Chelsea Hotel vai ter que esperar um pouquinho. O edifício de 1884, tombado pelo patrimônio histórico da cidade, está passando por uma mega-reforma que ainda não tem data definida para acabar. Periga os novos donos darem aquele tapa modernetz descaracterizador, que seria uma pena, já que o Chelsea é parte intrínseca da história da contra-cultura nova-iorquina. Artistas do movimento beatnik, do rock underground, do cinema e da arte pop viveram ali. De Patti Smith a Robert Mapplethorpe, Andy Warhol, Uma Thurman e Edie Sedgwick, todo artista que se preze passou por um dos seus quartos. No livro Só Garotos, da Patti Smith, dá para entrar um pouco no mundo deste povo descolado, que fazia altas festas nos apartamentos do hotel. Agora é só ficar de olho para ver quando vão reinaugurá-lo e esperar que o espírito rock'n roll não seja substituído por música de elevador.

Chelsea: *222 W 23rd St, entre 7th Ave 8th Ave (646-918-8770).*

www.hotelchelsea.com

POR FAVOR, REBOBINE

CHELSEA GIRLS (1966)

Já viu esse filme, um dos vários que Andy Warhol fez na época em que sua "Factory" bombava? Se não viu, pode ir correndo baixar. É um clássico nova-iorquino. E todas as musas de Warhol que aparecem no filme viviam na época no Chelsea Hotel. Um fóssil midiático do pop. Assista!

> FOUR SEASONS

Uma das coisas mais fascinantes de Manhattan é a quantidade de arranha-céus que deixa a gente de queixo caído, né? Bem, o Four Seasons dá a você a oportunidade de se hospedar em um. É um dos hotéis mais altos do mundo e pode ter certeza de que vai ter celebs quando você for lá. O prédio em si é uma obra-prima da arquitetura – o projeto é de I.M. Pei, o mesmo que fez as controversas pirâmides de vidro do Museu do Louvre, em Paris. As diárias são salgadas, mas, se você resolver encarar, vai ter o luxo de encontrar suítes de 60 metros quadrados, ou seja, do tamanho de um apartamento de um New Yorker "normal". Luxo!

Midtown: 57 E 57th St, entre Park Ave e Madison Ave (212-758-5700).

59 St N Q R 4 5 6

@FSNewYork

www.fourseasons.com/newyorkfs

AH, VÁ! – O HOTEL MAIS ALTO DA ILHA

O Four Seasons tem exatos 208 metros de altura – quase quatro vezes mais que o Cristo Redentor! Isso o faz não apenas o hotel mais alto de Nova York, mas também o 3º mais alto dos EUA e o 12º do mundo inteiro. Uau!

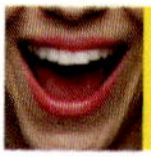

ACHO TUDO

Além de espaçosos, alguns quartos têm terraços. Luxo plus megaultra. E por falar em luxo total, um dos restaurantes (aberto a todos, hóspedes ou não) é o L'Atelier do Joël Robuchon. A comida é primorosa. E a conta? Bom, melhor nem comentar, hehehe!

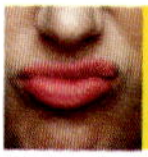

ACHO CAÍDO

O hotel fica numa região bem muvucada. Prepare-se para passinhos curtos na sua caminhada pelas redondezas.

> GANSEVOORT

Este segue ao pé da letra o conceito de hotel-butique: parece que todo mundo saiu de um ensaio de fotos ou da gravação de algum filme. O pior é que boa parte dos hóspedes está nessa situação mesmo e a outra parte querendo parecer que está também. Enfim, apesar do carão geral, vale a pena enfrentar o batalhão de narizes empinados e arriscar uma subida ao último andar do prédio, onde ficam a piscina e o disputado bar Plunge. Lá, a recompensa se traduz em vistas do Rio Hudson, que está a uns quarteirões dali, e de prédios icônicos como o do Empire State Building e o vizinho Standard Hotel.

MePa: 18 9th Ave, entre W 13th St e Gansevoort St (212-206-6700).

8 Av – 14 St A C E L

@HotelGansevoort

www.hotelgansevoort.com

A BALADA MORA AO LADO

Se você tomar umas a mais no bar do Gansevoort e se animar para estender a noite, o hotel tem balada também: o Provocateur. Tem gente que acusa o clube de ser playboy demais, mas, bem, é logo ali. Vale no mínimo tentar. Até porque volta e meia eles chamam DJs bons para tocar. Tente colocar o seu nome na lista através do site www.provocateurny.com.

ACHO TUDO

A roupa de cama – de algodão 100% egípcio. A pele feminina agradece.

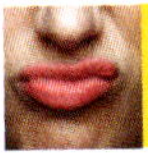

ACHO CAÍDO

Eu sei que o nome do hotel é o mesmo que o da rua e tal, mas "eita" nominho difícil de falar, não? Ah, em tempo, é GansevÓrt, como se os dois "os" fizessem o som do ó acentuado. ;-)

> HOTEL ON RIVINGTON

Se tem um embaixador do neohype em torno do Lower East Side é o Rivington. Todo de vidro e aço, ele destoa da arquitetura mais detonadinha da região, mas oferece muito conforto para uma área que até então não tinha nenhum hotel bacanudo assim. Alguns descolados torcem o nariz (têm medo da "gentrificação" do LES), mas vários deles fazem fila para o bar/clube do hotel. Então, nem ligue para a oposição e desfrute o luxinho e sua boa localização. Os quartos são pequenos, mas, como tudo é de vidro, as vistas compensam – parece que você está flutuando numa nuvem sobre o céu de Manhattan.

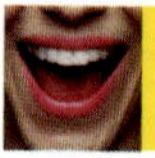

ACHO TUDO

O banheiro com janelão e vistas (e vapor). O banho vira uma experiência em si.

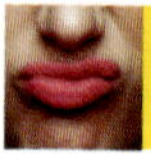

ACHO CAÍDO

O teto baixo do hotel todo. Principalmente para os meninos altões e para as meninas que abusam do salto, pode ser bem claustrofóbico.

LES: *107 Rivington St, entre Essex St e Ludlow St (212-475-2600).*

Delancey St F M J Z

@RivingtonHotel

www.hotelonrivington.com

AH, VÁ! O LUSTRE ILUSTRE

Não se esqueça de olhar para cima quando estiver no lobby do Mandarin. Ali tem um lustre todo de cristal Waterford (um dos mais caros do mundo) que pesa nada menos que 950 quilos!!! É lindo, mas não fique dando sopa embaixo dele. Imagine se cai? Eles garantem que não, mas vai saber!

ACHO TUDO

O super spa do hotel, o único cinco estrelas de Manhattan, segundo a revista Forbes.

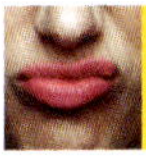

ACHO CAÍDO

Ele fica num prédio de negócios. Vir para cá para ver engravatados o tempo todo não dá, né?

> MANDARIN ORIENTAL

A experiência de ficar no Mandarin Oriental já é única assim que se chega ao lobby, no 52º andar do Time Warner Center, com um elevador ultrarrápido. Ali, você entra num mundo à parte, com a cidade aos seus pés. Ele fica de frente para o Central Park, então imagine o deslumbre que é a vista. The Shops at Columbus Circle, com suas várias lojas, fica no térreo. Logo ao lado, o Lincoln Center garante o agito cultural. O Mandarin é desses hotéis que capricham em cada detalhezinho – até o ventilador de teto é feito sob medida pela estilista Vivienne Tam, nome hypadinho da moda local. Claro que tudo isso tem um preço – aliás, caro. Bem caro. Mas fica a "dica": se você estiver mesmo muito curioso em conhecer a vista, vá até o bar e peça um drinque.

UWS: *80 Columbus Circle, esquina da Broadway e 60th St (212-805-8800).*

59 St – Columbus Circle

A C B D 1

@MO_NEWYORK

www.mandarinoriental.com/newyork

> MERCER HOTEL

Darling da cena fashion nova-iorquina (é ali que o Marc Jacobs tem uma suíte), o Mercer Hotel é um clássico do Soho. Tudo nele é de marca: os cosméticos são da sueca FACE, o frigobar é forrado de produtos da Dean & DeLuca e por aí vai. O legal é que ele é pequeno também, mas nem por isso deixa de caprichar no luxo para os hóspedes, nos já citados produtos e nos serviços de ponta também – de banheira para duas pessoas nas suítes a personal trainer. O restô deles, o Mercer Kitchen, vive cheio e é bem capaz que você encontre supermodels como Kate Moss ou Lara Stone degustando as pequenas e deliciosas receitas franco-asiáticas que o top chef Jean-Georges Vongerichten inventou para o lugar.

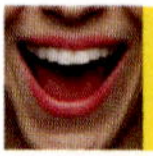

ACHO TUDO

Além do serviço de personal trainer, você pode usar a academia Equinox mais próxima, por conta da casa.

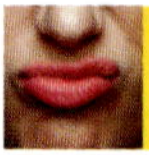

ACHO CAÍDO

A madeira escura da mobília do lobby. Em dia chuvoso, de neve ou de TPM, pode ser um forte contrapeso ao bom humor da pessoa.

Soho: *147 Mercer St, entre Prince St e W Houston St (212-966-6060).*

Prince St (N)(R)

www.mercerhotel.com

> MONDRIAN SOHO

ACHO TUDO

O jardim de inverno que eles fizeram na entrada, com teto de vidro. As plantas duram até os meses de nevasca, uma coisa meio oásis na geleira!

ACHO CAÍDO

O prédio é meio espremidinho ali na Crosby St. O terreno definitivamente precisava ter mais espaço para aquele edifício.

Esse é tipo "a vida imita a arte", no caso, o filme "A Bela e a Fera", de Jean Cocteau, clássico do cinema francês dos anos 1940, base para a decoração de todo o hotel. Dentro, também tem o restaurante de frutos do mar do superchef Sam Talbot, que complementa a experiência cinematográfica. Mas o que dá o toque mesmo são os janelões dos quartos, todos do teto ao chão, que fazem das suítes um risco à parte – periga você não querer sair do quarto!

Soho: 9 Crosby St, entre Howard St e Grand St (212-389-1000).

Canal St J Z N Q R 6

@MondrianSoHo

www.mondriansoho.com

> PLAZA HOTEL

Cartão-postal da cidade há 103 anos, o Plaza continua sendo o parque de diversões do high nova-iorquino: Clint Eastwood e Morgan Freeman tomam ali seu costumeiro café, cercados por outros tão ou menos famosos, mas nem por isso menos endinheirados. Enfim, só para falar que o Plaza continua sendo símbolo dessa turma endinheirada, que curte uma atmosfera às vezes um pouco conservadora demais. Julgamentos de valor à parte, mesmo não se hospedando no hotel, tem que entrar e ver. Parece que você está num túnel do tempo. Os (melhores) quartos têm vista para o Central Park e para a Quinta Avenida. Arraso puro.

Midtown: 5th Ave e Central Park South/W 59th St (212-759-3000).

5 Av – 59 St (N)(Q)(R)

@ThePlazaHotel

www.theplaza.com

ACHO TUDO

O Grand Ballroom, de mais de 500 metros quadrados, ornado do teto ao chão no estilo neoclássico. Um sonho de princesa.

ACHO CAÍDO

As lojas do hotel estão meio decadentes e os pontos não se renovam. Seria um bom pretexto ter lojas boas para entrarmos no hotel e espiar.

POR FAVOR, REBOBINE

CROCODILO DUNDEE (1986)

Este, para mim, é um dos clássicos New York movies (bota clássico nisso!). Tem que ver! Conta a história de um australiano que chega todo caipirão por aqui e aí já viu. Bem, ele acaba indo se aventurar no Plaza, claro!

ACHO TUDO

O Highline passa no meio do hotel. Uma coisa meio cidade do futuro.

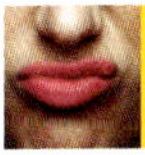

ACHO CAÍDO

O hotel fica cheio até altas horas. Na hora de dormir, faça uso daqueles tampões de ouvido que você ganhou no avião.

> STANDARD HOTEL

Se você quer ver quem acontece em Nova York, pode ir direto para o Standard, inaugurado no MePa em 2008. Porque, além dos apartamentos excelentes, o hotel acabou virando um complexo de entretenimento alto padrão. Tem restaurante (o Standard Grill), casas noturnas (Boom Boom Room, por exemplo), salão para festas, bar, mesinhas na rua, tudo, claro, sempre lotado. Apesar do burburinho, os quartos têm tarifas até que acessíveis para um hotel de alto nível (os quartos "standard", ou seja, padrão. Sacou?).

MePa: 848 Washington St, entre a Little W 12th St e W 13th St (212-645-4646).

8 Av – 14 St A C E L

@standardny

www.standardhotels.com

> THE CARLYLE

Hotel que foi construído na época da depressão norte-americana (não a de agora, mas dos anos 1930) e se tornou instituição nova-iorquina. Primeiro, porque virou hospedagem darling dos políticos norte-americanos, de JFK (que teve uma suíte ali por dez anos) a Bill Clinton. Segundo, porque eles paparicam você com um monte de luxinhos – como cosméticos da Kiehl's, que eu adoro. Terceiro, por causa do seu café, que tem shows de jazz de ninguém menos do que Woody Allen e sua banda. Outros nomes quentes vivem se apresentando por lá, como Eartha Kitt e John Pizzarelli. Se você curte esse tipo de som, o Carlyle é o lugar. Vá com tudo! (Ah, detalhe – o nome é assim mesmo: The Carlyle. Sem "Hotel". Acho phyno, hahaha!)

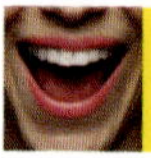

ACHO TUDO

A reforma levantou o astral do hotel sem descaracterizá-lo. Parabéns!

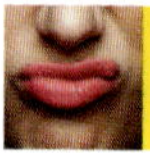

ACHO CAÍDO

Tem balança no quarto. Eu lá quero saber meu peso quando eu tô de férias? Medo! :P

UES: 35 E 76th St, esquina com Madison Ave (212-744-1600).

77 St (6)

www.thecarlyle.com

ACHO TUDO

Ele é todo Wi-Fi. E não cobra pelo uso da internet! Superoportuno.

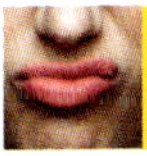

ACHO CAÍDO

Os quartos são muito pequenos para um casal. Dividir quarto, seja com namorado(a) ou amigo(a), é outra coisa que reduz bem o custo da viagem. Lá não rola.

> THE JANE

Hotel-butique não precisa ter aquela cara de moderno ordinário e o The Jane é boa prova disso. Há 150 quartos que imitam cabines de trem e outros 40 voltados para o Rio Hudson, que se inspiram nas cabines de navio. Talvez seja até pertinente para um hotel que originalmente hospedava marinheiros e chegou mesmo a receber náufragos sobreviventes do Titanic. O preço é bem mais acessível do que a média e uma das razões talvez seja o fato de que a maioria dos quartos não é suíte, ou seja, os banheiros são comunitários, localizados nos corredores. Mas isso não vira descuido ou desleixo: cuidadinhos fofos como docks para iPods em todas as "cabines" mostram esse zelo.

MePa: 113 Jane St, entre Washington St e West St (212-924-6700).

8 Av – 14 St A C E L

www.thejanenyc.com

> THE MAVE

Hotel-butique menos pretensioso e supersimpático, outro que veio na onda do hype em torno de NoMad (norte do Madison Square Park). Cheio de detalhezinhos artsy (a-m-o as sombras coloridas nas escadarias). As tarifas também são bem atraentes, começando pelos cento e poucos dólares. Uma pechincha para o padrão do hotel. Tem até café da manhã incluído, outra raridade por aqui. Vamos ver se eles não ficam cheios de si e começam a aumentar as diárias, mas, enquanto isso, vá com tudo e reserve. Você não vai se arrepender.

ACHO TUDO

Eles mantiveram a cara de predinho nova-iorquino por dentro também. Uma ótima para o turista sacar como se vive aqui.

ACHO CAÍDO

Eles são pet friendly. Nada contra os cãezinhos, mas não quero pelo no meu look total black, kkkkk.

Midtown: 62 Madison Ave, entre E 27th St e E 28th St (212-532-7373).

28 St (6)

@theMAveHotel

www.themavehotel.com

ACHO TUDO

Mesmo com tarifas baixas, eles têm um fitness center. Sempre é bom ter um cantinho para queimar os hot dogs que a gente come pelas ruas de Manhattan.

ACHO CAÍDO

O restaurante do hotel não é lá essas coisas. Melhor sair pela rua que, logo colado, já tem trocentas outras opções.

> WASHINGTON SQUARE HOTEL

Este eu recomendo porque as tarifas são ótimas, sempre tem vaga e está bem de frente para a Washington Square, onde fica a New York University. Ou seja, a área é um agito, desde estudantes até músicos de rua, skatistas, artistas de ocasião, enfim, uma área muito nova-iorquina. Os quartos são pequenos, mas num estilo art déco neutro, sem frufrus. Dá para ficar numa boa. É mais aquele estilo de hotel "deixe sua mala e vá bater perna pelo amor de Deus". Mas na hora de jogar o corpo cansado na cama, você vai encontrar um serviço decente e um ambiente agradável.

West Village: *103 Waverly Place (212-777-9515).*

Wash Sq B D F M A C E

@WSHotelNYC

www.washingtonsquarehotel.com

ONDE COMER

GOSTO É PESSOAL, E NOVA YORK, COMO É MUNDIALMENTE RECONHECIDA, TEM RESTAURANTES A PERDER DE VISTA E DE SE AFOGAR DE TANTA ÁGUA NA BOCA. ENTÃO EU NÃO VOU FICAR AQUI PROFETIZANDO QUAL É O MELHOR RESTAURANTE DA CIDADE NEM POR QUÊ. ESTE É SÓ MEU HUMILDE, MAS MUITO BEM VIVIDO, DIRETÓRIO. UMA COISA EU DIGO: EU SOU BEEEEM EXIGENTE. SE QUISER CHECAR A FONTE (NO CASO, EU), TEM GENTE ESPECIALIZADÍSSIMA MAPEANDO E OPINANDO SOBRE TODA ESSA SEARA GASTRONÔMICA COMO O ZAGAT, URBANSPOON, OPEN TABLE E URBAN DADDY.

DICAS DE QUEM SABE

ZAGAT
Bíblia gastronômica feita por pessoas "comuns" ao invés de críticos especializados.
@ZagatBuzzNYC
www.zagat.com/newyork
AppStore

URBANSPOON
Compila informações de críticos, jornais, blogueiros e várias outras fontes.
@urbanspoon
www.urbanspoon.com
AppStore

URBAN DADDY
Aplicativo modernetz que dá ótimas dicas baseadas na sua localização e desejos.
@UrbanDaddy_NYC
www.urbandaddy.com
AppStore

OPEN TABLE
Ideal para fazer reservas online.
@OpenTable_ny
www.opentable.com

A CONTA, PLEASE:
$ BARATEX
$$ ASSIM QUE EU GOSTO
$$$ EU MEREÇO
$$$$ AI, MEU BOLSO!

> BOM DIA, NOVA YORK

Longe de casa, o café da manhã pode ser um desastre. Ou uma experiência religiosa. Claro que eu só separei os da segunda categoria para você.

BROADWAY DINER $$
Williamsburg: *85 Broadway, esquina com Berry St (718-486-3077).*
www.dinernyc.com

Barracão de madeira pegado à Williamsburg Bridge, o café da manhã e o brunch são o carro-forte, em especial os omeletes. E, gente, olha eu, que pinguça, recomendo o Bloody Mary, gigantesco e supertemperado.

CAFÉ ABRAÇO $
East Village: *86 E 7th St, entre 1st Ave e 2nd Ave (212-388-9731).*
www.abraconyc.com

Também tem petiscos e pães bons, "housemade" (feitos por eles mesmos), mas o forte é o bom e velho café, plantado na Carolina do Norte e enviado diretamente para a sua xícara.

Não me pergunte o porquê do nome em português, mas qualquer homenagem ao Brasil é bem-vinda, certo? O lugar é um "ovo", mas o astral compensa. Fecha na segunda, ok?

CLINTON STREET BAKING COMPANY $$

LES: *4 Clinton St, entre E Houston St e Stanton St (646-602-6263).*
www.clintonstreetbaking.com

Meio padoca, meio restô com clima superaconchegante e panquecas e biscuits que derretem na boca como manteiga. Pudera, afinal tem bastante desse ingrediente nas receitas. Em tempo: não estou reclamando.

COMMUNITY FOOD & JUICE $$

UWS: *2893 Broadway, entre W 112th St e W 113th St (212-665-2800).*
www.communityrestaurant.com

Dos mesmos donos da Clinton, só que mais xiitas na questão eco e em versão Upper West Side, láaaaa em cima (perto da Columbia University).

CORRADO BREAD & PASTRY $$

UES: *1391 Lexington Ave, esquina com E 90th St (212-348-8943) e mais três endereços.*
www.corradobread.com

Todas as variações de café (expresso, cappuccino, latte, mocaccino e por aí vai) acompanhadas de muitas opções de pães, scones, tortas doces e alguns sanduíches. Gostoso é se sentar nas mesinhas da calçada, quando o clima permite.

EJ'S LUNCHEONETTE $$

UES: *1271 3rd Ave, entre E 73rd St e E 74th St (212-472-0600).*
@EJsLuncheonette
www.ejsluncheonette.com

Diner americano, com um dos melhores waffles e "flapjack pancakes" de Nova York – e você que está a passeio não vai fazer conta de calorias, né?! Pena que só tem café americano (filtrado), não tem expresso ou cappuccino.

FRANÇOIS PAYARD BAKERY (FPB) $$$

West Village: *116 W Houston St, entre Thompson St e Sullivan St (212-995-0888) ou* Midtown: *1775 Broadway, entre W 57th e W 58th St (212-956-1775).*
@francoispayard
www.fpbnyc.com

O Payard tinha fechado as portas, mas voltou em versão padaria. Os sanduichinhos são tudo, e a casa funciona desde bem cedo, às 7h, superconveniente para quem quer aproveitar a cidade desde as primeiras horas da manhã.

LE PAIN QUOTIDIEN $$

@lepainquotidien
www.lepainquotidien.us

Outro na versão padoca eco, também tem pratinhos (sopas, sandubas, quiches) na linha saúde. Gostoso para um café da manhã – os "lattes" são ótimos, assim como os pães bem variados. Mas prepare-se para um atendimento desatencioso nas cerca de 28 filiais em Manhattan.

THE BRESLIN $$

Midtown: 16 W 29th St, entre 5th Ave e Broadway (212-679-1939).
@TheBreslin
www.thebreslin.com

Apesar de ser meio pub, meio restô, meio point (fica no Ace Hotel), eles também fazem café da manhã. Os ovos com lentilha e iogurte são de desmaiar, sem estraçalhar sua dieta logo na primeira refeição.

VIAND CAFÉ $$

UES: 673 Madison Ave, entre E 61st St e E 62nd St (212-751-6622) ou UWS: 2130 Broadway, esquina com W 75th St (212-877-2888).

São dois pontos na cidade, mas o que eu gosto mesmo é o da Madison Ave com a 61st St. O lugar é apertado, barulhento e normalmente tem espera. Então, por que mesmo ir lá? Porque o cappuccino é ótimo, os bagels também, os muffins então, nem se fala... E o dono sempre está lá – e como ele é bom de piadinhas com os clientes, faz você se sentir em casa depois da segunda ou terceira visita.

> ECO-CONSCIOUS

Comer bem às vezes pode ter impacto no meio ambiente, sabia? Estes que eu escolhi deixam o pessoal do Greenpeace superorgulhosos.

CANDLE 79 $$

UES: 154 E 79th St, entre 3rd Ave e Lexington Ave (212-537-7179).
@candle79
www.candle79.com

Paraíso vegetariano no UES. Você vai babar se pedir o risoto de quinoa, ou a paella de salsicha vegetariana. Pode acreditar nos vinhos, todos orgânicos e de qualidade satisfatória.

CIAO FOR NOW $$

East Village: *523 E 12th St, entre Ave A e Ave B (212-677-2616) ou* West Village: *107 W 10th St, entre 6th Ave e Greenwich Ave (212-929-8363).*
@CiaoForNowCafe
www.ciaofornow.net

Meio café, meio restô eco, super bairro. Todo dia eles fazem um prato especial, além de fornadas e fornadas de cookies, tortinhas e pãezinhos caseiros, que ficam ali quentinhos, esperando por você. Wi-Fi de graça também, pode levar o computador se quiser.

ENERGY KITCHEN $

West Village: *82 Christopher St, entre 7th Ave e Bleecker St (212-414-8880) e mais nove endereços.*
@Energy_Kitchen
www.energykitchen.com

Várias filiais espalhadas pela cidade. Tudo nelas – sucos, sanduíches, sopas – tem as calorias milimetricamente calculadas pa-ra você não engordar. Oásis no deserto altamente calórico que são os EUA.

SPRING STREET NATURAL $$

Soho: *62 Spring St, esquina com Lafayette St (212-966-0290).*
www.springstreetnatural.com

Clássico do Soho. Boa opção para quem está na área e quer uma comida mais consciente e, ao mesmo tempo, com sabor. Saladas, pratos à base de arroz integral e uma cestinha de couvert com pão de tomate, uma delícia!

WICHCRAFT $

Midtown: *555 5th Ave, entre W 45th St e W 46th St (212-780-0577, para delivery) e mais 13 endereços.*
@wichcraft
www.wichcraftnyc.com

As comidinhas eco ganham versão fast food no Wichcraft. O "Big Mac" da casa são os paninis, um mais delicioso que o outro e ficam prontos rapidinho. Meus favoritos: o de atum grelhado e o de queijo gruyère.

> ÉTNICOS

Nova York é praticamente um Epcot Center da gastronomia. A seguir, uma volta ao mundo em algumas garfadas.

AQUAVIT $$$

Midtown: *65 E 55th St, entre Park Ave e Madison Ave (212-307-7311).*
www.aquavit.org

Comida sueca por quem entende do assunto, o chef Marcus Samuelsson, vencedor do primeiro Top Chef, que na verdade é etíope, mas foi criado na Suécia. Aquavit, aliás, é o nome de uma bebida alcoólica escandinava e tem vários tipos no menu. Prove!

BAMIYAN $$
Midtown: *358 3rd Ave, esquina com E 26th St (212-481-3232).*
www.bamiyan.com

Um pedacinho do Afeganistão em Nova York. O staff é realmente "de lá" e o décor segue as origens. O hit é tudo que tiver o molho-elixir de laranja! Humm. Se der, peça um lugar na salinha da frente, onde tem que se sentar no chão para comer.

CAFÉ HABANA $$
Little Italy: *17 Prince St, esquina com Elizabeth St (212-625-2001).*
@HabanaEastCoast
www.cafehabana.com

Restô cubano versão "baixo orçamento". Provavelmente vai estar lotado quando você for, mas tem alta rotatividade, então não desista. Não pode ir e não provar a espiga feita à la Cuba, que é de lamber os dedos. Não aceita reservas.

CAFÉ MOGADOR $$
East Village: *101 Saint Mark's Place, entre Ave A e 1st Ave (212-677-2226) ou* Williamsburg: *133 Wythe Ave, entre N 7th St e N 8th St (718-486-9222).*
www.cafemogador.com

Delicinhas do Oriente (Médio) – falafel, babaganoush, kebab e afins – com frequência cool. Também, fica no coração do East Village, né? Os garçons fazem a linha descolex, ou seja, são meio blasé. Mas vale esperar pela recompensa, até porque tem muito o que olhar ao redor.

CARACAS AREPA BAR $
East Village: *93 ½ E 7th St, entre Ave A e 1st Ave (212-529-2314).*
@CaracasArepaBar
www.caracasarepabar.com

Apesar de o Brasil fazer fronteira com a Venezuela, eu só fui conhecer essa especialidade deles aqui. A arepa é como um crepe recheado, só que a massa é de milho, meio bolinho de fubá. Fica pronto rapidinho e é uma delícia!

DIM SUM GO GO $
LES: *5 E Broadway, perto da Chatham Square (212-732-0797).*

Eu a-d-o-r-o dumpling! Sabe

aqueles pasteizinhos chineses, feitos no vapor? Essa é a especialidade da casa (chinesa) e tem vários sabores, de carnes pesadas aos mais levinhos, todos caem superbem. Eles ainda servem chazinho de graça para uma melhor digestão.

DOS CAMINOS $$

Soho: *475 W Broadway, esquina com Houston St (212-277-4300).*
@DosCaminos
www.doscaminos.com

Cadeia de restaurantes com temática mexicana, eles fazem o guacamole na sua frente e tão apimentado quanto você mandar (em três níveis – mild, medium ou spicy, traduzindo, FUEGO! kkkkkk). Tem vários espalhados pela cidade, mas o meu favorito é o da West Broadway, no Soho.

EL ALMACEN $$

Williamsburg: *557 Driggs Ave, entre N 6th St e N 7th St (718-218-7284).*
@ElAlmacen3
www.elalmacennyc.com

Os hermanos argentinos arrasaram neste restaurante, que tem uma das melhores carnes da cidade. Todas nos cortes típicos – vacio, bife de tira etc. As sobremesas também são tudo – tem churros com doce de leite e alfajores!

HAMPTON CHUTNEY CO. $

Little Italy: *68 Prince St, entre Lafayette St e Crosby St (212-226-9996) ou* UWS: *464 Amsterdam Ave, entre W 82nd St e W 83rd St (212-362-5050).*
www.hamptonchutney.com

Já provou chutney, aquele molho apimentadinho, típico da comida indiana? Esse lugar é especializado nisso e tem seis sabores diferentes do condimento, que são adicionados às dosas – tipo um wrap feito com pão-papel. Parece um crepe da Índia, mas mais levinho.

INDOCHINE $$$$

Noho: *430 Lafayette St, entre E 4th St e Astor Place (212-505-5111).*
www.indochinenyc.com

Boa oportunidade para conhecer melhor a cozinha vietnamita. Acha exótico? Se eu falar "filé de peixe enrolado na folha de banana com leite de coco", sua boca não vai encher de água? Se ainda assim achar pitoresco, então peça os rolinhos primavera, que ali ganharam diferentes versões.

IPPUDO $

Noho: 65 4th Ave, entre E 9th St e E 10th St (212-388-0088).
www.ippudony.com

Primeira cadeia de restôs japonesa que abriu aqui (nos anos 1980). Fazem a massinha do ramen (aquele prato-sopinha de macarrão meio miojo incrementado, típico deles) ali mesmo no porão, dá para ver! O bar é bastante agitado também. Não aceita reservas.

KITTICHAI $$$

Soho: 60 Thompson St, entre Spring St e Broome St (212-219-2000).
www.kittichairestaurant.com

Nova York tem pencas de restôs tailandeses, mas este é dos bons. Fica no andar térreo do hotel Thompson, ícone do chique Downtown, e a frequência segue essa linha. Importante fazer reserva, porque também é ponto de badalação – especialmente a área de fora, com vista para a rua, disputadíssima nas noites de verão.

MOMOFUKU NOODLE BAR $$

East Village: 171 1st Ave, entre E 10th St e E 11th St (212-777-7773).
@momofuku
www.momofuku.com

Restozinho que só faz pratos à base de noodles (a pasta oriental). O forte são as reinterpretações ocidentalizadas do ramen. Amo os de bambu e de cogumelo. O dono é o celebrado chef David Chang.

PHILIPPE $$$

UES: 33 E 60th St, entre Madison Ave e Park Ave (212-644-8885).
@PhilippeChow
www.philippechow.com

Melhor lugar para comer o tradicional pato de Pequim em Nova York. O preço é tão salgado quanto a carne (US$ 75), mas a porção é gigante e os especialistas dizem que não há melhor por aqui.

POMMES FRITES $

East Village: 123 2nd Ave, entre E 7th St e Saint Mark's Place (212-674-1234).
www.pommesfrites.ws

Uma das contribuições da Bélgica para o mundo moderno foi a batata frita, sabia? No Pommes Frites, eles servem a tradicional iguaria com mais de 30 tipos de maionese para você comer junto. Indulgência deliciosa, só se prepare para os dedos bem brilhosos depois.

TABARÉ $$

Williamsburg: *221 S 1st St, entre Driggs St e Roebling St (347-335-0187).*
www.tabarenyc.com

Uruguaio superaconchegante, todo de madeira com iluminação indireta, e o menu, apesar de pequeno, é recheado de iguarias típicas do nosso vizinho sulista. O chivito (sanduíche de filé mignon) é de desmaiar de bom. E depois, ainda tem pudim de doce de leite, tá?

VANDAAG $$

East Village: *103 2nd Ave, entre E 6th St e E 7th St (212-253-0470).*
www.vandaagnyc.com

A cozinha holandesa era um mistério para mim até que fui lá conferir. Ambiente super design, com pratos tradicionais – como deliciosos waffles – e invençõezinhas divertidas, como Ceasar Salad com salsicha e pistache.

> JAPAS

O nome já diz tudo, não? E na Big Apple tem uns que não dá para perder.

BLUE RIBBON $$$

Midtown: *308 W 58th St, entre 8th Ave e 9th Ave (212-397-0404) e mais nove endereços.*
@BlueRibbonNYC
www.blueribbonrestaurants.com

A melhor seleção de peixes crus da cidade e uma carta de sakês tão boa quanto para acompanhar. Eles são feras tanto em fazer o sashimi tradicional, como sushis com alguma invencionice – mas tudo superdelicado e delicioso. De quebra, peça o crème brûlée de chá verde para sobremesa (no Blue Ribbon do UWS) e volte para casa rolando...

BOND STREET $$$

Noho: *6 Bond St, entre Lafayette St e Broadway (212-777-2500).*
@BONDST
www.bondstrestaurant.com

Japa aconchegante no hypado NoHo. Os sushis ganham um toque a mais de pimenta aqui. O menu degustação é em conta e muito variado, vale a pena.

MORIMOTO $$$$

Chelsea: *88 10th Ave, entre W 15th St e W 16th St (212-989-8883). @chef_morimoto*
www.morimotonyc.com

Quando abriu, este restaurante virou a sensação de Chelsea e deixou no chinelo todos os outros restaurantes japoneses por conta de sua decoração futurista e comida criativa e elaborada. Agora, o visual do restô não é mais tãããão impactante, mas continua lindo e o banheiro merece uma visita especial (é bem modernoso). E a comida, bem... apesar de custar caro, é realmente uma experiência gastronômica especial graças às invenções do chef Masaharu Morimoto (se arrisque e peça os pratos especiais, em vez de se ater apenas aos sushis).

NATORI $$

East Village: *58 Saint Mark's Place, entre 1st Ave e 2nd Ave (212-533-7711).*

Reduto modernetz no East Village, o restô tem uma cara meio detonadinha, mas o sushi é ótimo, farto e com preço bom. As mesas de fora são as melhores e dá para ficar horas ali curtindo a cena.

NOBU $$$

Tribeca: *105 Hudson St, esquina com Franklin St (212-219-0500) ou* Midtown: *40 W 57th St, entre 5th Ave e 6th Ave (212-757-3000).*
www.noburestaurants.com

Tem em Tribeca e no Upper East e os dois, só para você saber, estão na lista dos 40 melhores restaurantes da cidade. Apesar do Nobu (Matsuhisa, o chef que dá nome à casa) ser um gênio do sushi, outros itens do cardápio – como o miniburger de kobe beef – são de desmaiar de deliciosos também.

SUSHI OF GARI $$$

UES: *402 E 78th St, entre York Ave e 1st Ave (212-517-5340) ou* Midtown: *347 W 46th St, entre 8th Ave e 9th Ave (212-957-0046) ou* UWS: *370 Columbus Ave, entre W 77th St e W 78th St (212-362-4816).*
www.sushiofgari.com

Já comeu peixe cru marinado no sakê? Ou maionese de tofu? Essas são invençõezinhas que você só encontra aqui. Minha sugestão – peça o omakase (seleção do chef) e deixe-se surpreender!

> PHYNOS

Estes são aqueles que, para mim, atingem o ponto ótimo da equação comida + preço + ambiente. Ou seja, genuinamente phynos. :-)

BALTHAZAR $$$

Soho: *80 Spring St, entre Crosby St e Broadway (212-965-1414).* www.balthazarny.com

Clássicos da culinária francesa focados num público glam que quer comer bem e dar uma badalada. Também fazem seus pães, que podem ser comprados no espaço anexo.

BAR PITTI $$

West Village: *268 6th Ave, entre W Houston St e Bleecker St (212-982-3300).*

Italiano bem animadinho no West Village, ainda mais quando você consegue pegar uma das mesas na calçada. A massa com trufas é tudo e o preço, razoável. E até eu, que não sou fã de panacotta, me acabo com a versão deles. Só tem uma chatice: não aceita cartão de crédito.

CAFFE FALAI $$

Soho: *265 Lafayette St, quase esquina com Prince St (212-274-8615).* www.falainyc.com

O ambiente é aquela coisa clean, tudo branco, meio anos 1990, mas na hora em que você vir a manteiga derretendo nos pães fresquinhos que eles fazem lá nem vai reparar nisso.

CAFE FIORELLO $$$

UWS: *1900 Broadway, entre W 63rd St e W 64th St (212-595-5330).* www.cafefiorello.com

Mais de 30 tipos de antipasti, dá para ficar horas provando e vendo a cena cool que sai do Lincoln Center para beliscar ali (ou seja, eles ficam abertos até mais tarde do que a média). A pizza – uma delícia – é quadrada (!) e super massa fina (por pouco não entrou na sessão de pizzas do guia).

CAFE LUXEMBOURG $$$

UWS: *200 W 70th St, esquina com Amsterdam Ave (212-873-7411).* www.cafeluxembourg.com

O melhor bistrô de culinária francesa (com influências americanas) do Upper West Side. Ambiente agradável, luz na intensidade certa, staff ponta firme e menu enxuto. Também (assim como o Cafe Fiorello e o Bar Boulud) uma ótima opção pós-Lincoln Center.

DA SILVANO $$$

West Village: *260 6th Ave, entre W Houston St e Bleecker St (212-982-2343).*
@DaSilvano
www.dasilvano.com

Fashionistas, artistas e ricos de plantão se juntam aqui buscando ícones da comida "simples-e-ainda-assim-deliciosa", como a salada de alcachofra. É vizinho do Bar Pitti, então, quando um está cheio, você pode tentar uma mesa no outro – e vice-versa!

DELICATESSEN $$

Soho: *54 Prince St, entre Mulberry St e Lafayette St (212-226-0211).*
@DeliNYC
www.delicatessennyc.com

Restô badaladetz no Soho, Marc (Jacobs) e sua turma super frequentam. Meu prato (nem é prato, é porção, mas...) favorito é a batata frita trufada com parmesão. Conquista pelo aroma.

E.A.T. $$$

UES: *1064 Madison Ave, entre E 80th St e E 81st St (212-772-0022).*
www.elizabar.com

É um dos muitos empreendimentos do Eli Zabar, um ás da gastronomia local. Não é barato, mas a qualidade compensa. Tem o melhor salad bar da cidade (amooo a salada de champignon e a de pepino com dill) e sobremesas megacalóricas e saborosas (dois exemplos? O brownie e o bolo de cenoura integral com cobertura de cream cheese). Uma boa pedida depois de bater perna na *Museum Mile* ou nas lojas grã-finas da Madison.

FREEMANS $$

LES: *Freeman Alley, Rivington St, entre Bowery e Chrystie St (212-420-0012).*
www.freemansrestaurant.com

Reduto dos descolados do Lower East Side que se fazem de cool, mas no final querem mesmo os bons e velhos clássicos da cozinha americana. Também tem umas pitadas de Inglaterra no cardápio, tipo peixe com batata-frita (fish&chips).

IL BUCO $$$

Noho: *47 Bond St, entre Bowery e Lafayette St (212-533-1932).*
www.ilbuco.com

As entradas e pratos mudam constantemente sem nunca perder o foco nos frutos do mar. Tem até bolinho de bacalhau (o que não é muito comum na terra do hambúrguer), uma delícia!

LAVO $$$

UES: *39 E 58th St, entre Park Ave e Madison Ave (212-750-5588).*
@LavoNY
www.lavony.com

Pedacinho de Meatpakcing District no Upper East. Mantém o melhor desses dois mundos: a comida excelente e o ambiente badalado. Mais para o fim da noite, rola uma balada no subsolo, com entrada separada. De tão cheio, o restaurante pode virar roubada, então chegue cedo e aproveite!

LE BILBOQUET $$$

UES: *25 E 63rd St, entre Park Ave e Madison Ave (212-751-3036).*

O lugar é micro, mas bomba, especialmente quando eles aumentam o som e dão um clima "baladinha" para embalar a comida superbem executada. Meu prato favorito? O Chicken Cajun. Ai, só de falar já fiquei com água na boca!

LE CHARLOT $$$

UES: *19 E 69th St, entre Park Ave e Madison Ave (212-794-1628).*

De marisco à moda tailandesa ao tradicional steak au poivre, tudo cai bem com a lista de 20 páginas de vinhos. Aliás, folheá-la já é um passatempo que leva horas. Boa leitura!

MINETTA TAVERN $$$

West Village: *113 MacDougal St, entre Bleecker St e W 3rd St (212-475-3850).*
www.minettatavernny.com

A especialidade da casa são as carnes. O dono, o astral e a badalação são os mesmos do Balthazar. Então, tudo depende da sua localização. ;-)

MORANDI $$$

West Village: *211 Waverly Place, entre Charles St e Perry St (212-627-7575).*
www.morandiny.com

Idem ao Minetta, na versão comida italiana, hahaha! Eu gosto muito de tomar café da manhã lá – é vazio e tem pratos deliciosos.

ODEON $$$

Tribeca: *145 W Broadway, esquina com Thomas St (212-233-0507).*
www.theodeonrestaurant.com

Outrora frequentado por Andy Warhol e Keith Haring, é mais um daqueles restaurantes nova-iorquinos que imitam, com categoria, o ambiente de bistrô francês, com toques americanizados no menu. A frequência varia entre executivos de Wall St, famílias de Tribeca e gente do mundo da moda e decoração que trabalha ali perto.

PASTIS $$$

MePa: *9 9th Ave, entre Little W 12th St e W 13th St (212-929-4844).*
www.pastisny.com

Outro empreendimento do Keith McNally (o do Balthazar) que reproduz na íntegra o ambiente e as delicinhas de uma brasserie francesa. Arrume um cantinho no bar e aproveite a vista. ;-)

PEARL OYSTER BAR $$

West Village: *18 Cornelia St, entre W 4th St e Bleecker St (212-691-8211).*
www.pearloysterbar.com

Este restô é um achado! É um pedacinho de New England, região americana conhecida por suas lagostas e ostras frescas, em pleno West Village. Mas pedacinho mesmo, afinal, o lugar é pequeno. Porém, tamanho não é documento e é por isso que o lobster roll (sanduíche de lagosta) daqui é considerado um dos melhores de Nova York. Isso sem falar na seleção de ostras (claro!) e mariscos. Prepare-se para filas de espera e deleite-se com uma ótima seafood.

RAOUL'S $$$

Soho: *180 Prince St, entre Thompson St e Sullivan St (212-966-3518).*
www.raouls.com

Gosta de um bom pedação de carne? Achou. Este é, na minha carnívora opinião, o melhor steak au poivre da cidade. Para falar a verdade, na minha opinião e na de críticos de comida sérios e respeitados também!

SPOTTED PIG $$

MePa: *314 W 11th St, esquina com Greenwich St (212-620-0393).*
www.thespottedpig.com

Da chef estrelada April Bloomfield (a mesma do The Breslin, dentro do Ace Hotel). O cardápio é bem eclético, mas a comida é saborosa e muito bem feita. Ou será que é a frequência super hypada? Vá lá conferir, hehehehe.

STANDARD GRILL $$$

MePa: *848 Washington St, esquina com W 13th St (212-645-4100).*
www.thestandardgrill.com

O Standard aproveitou a inspiração "açougue" do Meatpacking District e fez, dentro do hotel, uma das melhores casas de carne da cidade. Ótimo pretexto para ir para lá sem ter de cair na ferveção (e encarar a porta muito chata) do Boom Boom Club.

THE LION $$$

West Village: *62 W 9th St, entre 5th Ave e 6th Ave (212-353-8400).*
www.thelionnyc.com

Eu amo cheesecake, que, aliás, é uma sobremesa beeem nova-iorquina, ou melhor, dos italianos que se fixaram aqui. No The Lion eles têm receita especial, que derrete na boca. Para acompanhar o paladar, raridades de Andy Warhol e Basquiat nas paredes. E gente disputando uma mesa para badalar. Só abre para o jantar.

THE SMILE $$

Noho: *26 Bond St, entre Bowery e Lafayette St (646-329-5836).*
@thesmilenyc
www.thesmilenyc.com

Este lugar tem um clima de restô "fechado para turistas". Aliás, acho que não vão gostar de saber que eu estou indicando eles num guia! Comida bem gostosinha, astral "cozy", mas tem só 50 cadeiras. "Didica": enquanto o estômago ronca, tem uma recompensa para os olhos: o Carlos (Quirarte, um dos donos), supergatinho e que está sempre ali. Nhaaaaaaa!

PARA OS APRECIADORES DE VINHOS

SHERRY-LEHMANN

UES: *505 Park Ave, esquina com E 59th St (212-838-7500).*
www.sherry-lehmann.com

Dê uma passadinha na Sherry-Lehmann – os vendedores entendem tudo de vinhos e podem orientar muito bem nas compras. A seleção é bem vasta e os preços, quando comparados aos do Brasil, compensam bastante (para variar... ahhhh, a carga tributária do nosso país, como pesa!!!).

VIA QUADRONNO $$$

UES: *25 E 73rd St, entre Madison Ave e 5th Ave (212-650-9880).*
www.viaquadronno.com

É uma paninoteca – sabe aqueles sanduíches italianos (panini), né? O cappuccino também é tudo. A comida é boa, mas vá sabendo que o ambiente não tem nada de especial.

> EU MEREÇO

Posso ser sincera? Vir para Nova York requer quebrar o porquinho, né? Estes da lista a seguir merecem!

AMARANTH $$$

UES: *21 E 62nd St, entre Madison Ave e 5th Ave (212-980-6700).*
www.amaranthrestaurant.com

Versão fusion das cozinhas mediterrâneas francesa e italiana. Produto americano lá nem pensar. Chega tudo fresquinho importado da Europa, da rúcula ao steak tartare. Frequência suuuuper Upper East Side.

BABBO $$$$

West Village: *110 Waverly Place, entre Washington Square e 6th Ave (212-777-0303).*
@BabboRistorante
www.babbonyc.com

Este é daqueles onde tem que fazer reserva muitos dias – ou melhor, meses – antes. Verdade, não é lenda urbana não! Também, além de ser o restaurante-xodó do superchef Mario Batali (que tem váaarios restôs em Nova York), é outro que importa tudo da Itália, como as absurdas trufas negras, que fazem valer a pena toda a espera por uma mesa.

BAR BOULUD $$$

UWS: *1900 Broadway, entre W 63rd St e W 64th St 212-595-0303).*
www.barboulud.com

Pertinho do Lincoln Center, faz as terrines mais deliciosas que eu já comi! Tem a de perna de carneiro com berinjela e batata-doce e outra com geleia de pato (!!!). Pode pedir qualquer uma e desmaiar de prazer.

CIPRIANI E CIPRIANI DOWNTOWN $$$$

UES: *781 5th Ave, entre E 59th St e E 60th St (212-753-5566) ou* Soho: *376 W Broadway, entre Spring St e Broome St (212-343-0999).*
www.cipriani.com

O de Downtown é a versão "para jovens" do mais tradicionalzão, que fica no Upper East, mas os dois são certeza de dar de cara com uma celebridade ou um magnata a cada segundo. Não deixe de pedir um Bellini (prosecco com suco de pêssego), uma das especialidades da casa, já que foi inventado pela família Cipriani em seu restaurante de Veneza (o Harry's Bar).

IL MULINO $$$$

West Village: *86 W 3rd St, entre Sullivan St e Thompson St (212-673-3783).*
www.ilmulino.com

Outro italiano high-society com garçons de black tie, blablablá e um ossobuco que rende ao restô o posto de melhor italiano da cidade (no Zagat) há mais de 20 anos. Fecha aos domingos.

SANT AMBROEUS $$$

West Village: *259 W 4th St, entre Perry St e Charles St (212-604-9254) ou*
UES: *1000 Madison Ave, entre E 77th St e E 78th St (212-570-2211).*
www.santambroeus.com

Pilhas de bolsas Hermès nas mesas, capricha na sua, hehehehehe. Tudo bem se não tiver, vá lá e ao menos prove o cappuccino, que é, diga-se de passagem, uma das melhores coisas da casa. A parte da frente tem pastries, sorvetes e sanduíche de carpaccio na ciabatta, um dos meus favoritos do menu.

SCALINATELLA $$$$

UES: *201 E 61st St, esquina com 3rd Ave (212-207-8280).*

As massas deles são reconhecidamente imbatíveis, mas eles têm um truquezinho que você tem que ficar esperto: vários dos itens despontam no menu sem preço. Cuidado para não pagar mais de US$ 100 por uma massa cabelo de anjo, ou, ao menos, já vá sabendo.

THE MODERN $$$

Midtown: *9 W 53rd St, entre 5th Ave e 6th Ave (212-333-1220).*
www.themodernnyc.com

Alta gastronomia dentro do MoMA, com vista para o incrível jardim de esculturas do museu. Se achar muito caro, vale ficar para um ou mais drinques no bar. Criação do restaurateur nova-iorquino Danny Meyer, focado na cozinha francesa. Fecha aos domingos.

> PIZZA

A pizza é uma instituição nova-iorquina levada super a sério. Cada um desses listados vai dizer que tem "a" melhor, mas você é quem vai decidir!

ARTICHOKE PIZZA $

East Village: *328 E 14th St, entre 1st Ave e 2nd Ave (212-228-2004) ou* Chelsea: *114 10th Ave, esquina com W 17th St (212-792-9200) ou* West Village: *111 MacDougal St, esquina com Minetta Ln (646-278-6100). @artichokepizza*
www.artichokepizza.com

Para mim, essa é a pizza por pedaço mais gostosa daqui. A mais legal é a do East Village, que não tem lugar para comer sentado, mas bomba no horário pós-balada. Original de Staten Island, só tem três sabores: margherita, crab (caranguejo) e artichoke (alcachofra) – hit da casa, não à toa dá o nome à pizzaria. Fica aberta até as 5h, todos os dias.

BRIO $$

Midtown: *920 Broadway, esquina com E 21st St (212-673-2121) ou* UES: *137 E 61st St, entre Lexington Ave e Park Ave (212-980-2300). @brionewyorkcity*
www.brionyc.com

Pizza de massinha crocante (de vários sabores, mas a margherita é campeã). Também tem pratos da cozinha italiana que valem muito a pena, como o linguini negro (caseiro, claro). Carta de vinhos excelente, focada no sul da Itália.

GRIMALDI'S $$

Dumbo: *1 Front Street, debaixo da Brooklyn Bridge (718-858-4300) ou* Midtown: *Limelight Market place – 656 6th Ave, entre W 20th St e W 21st St (646-484-5665).*
www.grimaldisnyc.com

Bastião da boa pizza 100% italiana no Brooklyn. Prepare-se para filas e mais filas. E não tem jeito, eles não aceitam reserva nem fazem delivery. Também não vendem pizza por pedaço. Para encarar a fila, fique espiando o prato dos outros e duvido que você desista.

LA BOTTEGA $$

Chelsea: *88 9th Ave, entre W 16th St e W 17th St (212-243-8400).*
www.themaritimehotel.com

Italianinho com área externa enorme, fica no Maritime Hotel. Pizza mais para fininha feita no forno a lenha, gente bonita, mesas ao ar livre, preço decente. Combinação que eu adoro, hehehe.

LOMBARDI'S $$

Little Italy: *32 Spring St, entre Mulberry St e Mott St (212-941-7994).*
www.firstpizza.com

Essa é a primeira pizzaria de Manhattan e, apesar de hoje ser atração turística, os nova-iorquinos também amam. Pizzas no forno a lenha, boa carta de vinhos, tinha tudo para ser perfeito, mas não aceita cartão de crédito. Vá com dinheiro vivo no bolso.

PULINO'S BAR & PIZZERIA $$

Nolita: *282 Bowery, esquina com E Houston St (212-226-1966).*
@pulinosny
www.pulinosny.com

Versão chiquezinha (é do mesmo dono do Balthazar, Pastis etc.) que virou point dos descolados de Downtown. Pizza suuuuperfininha. Vale também uma incursão pela seção "carnes" e pelos patês do cardápio.

SERAFINA $$$

UES: *1022 Madison Ave, esquina com E 79th St (212-734-2676) e outros seis endereços.*
@SerafinaGroup
www.serafinarestaurant.com

O da turma da pizza de massa fina. Acho que a brasileirada gosta tanto daqui que em 2010 eles decidiram abrir uma filial em São Paulo. As saladas, para quem quer segurar a onda com os carbs, também são ótimas.

> HAMBÚRGUER

Vir para os EUA e não se jogar no hamburgão é o mesmo que fazer dieta em churrascaria. A seguir, o mapa da mina.

BURGER JOINT $

Midtown: *119 W 56th St, entre 6th Ave e 7th Ave (212-708-7414).*
@burgerjointNYC
www.parkermeridien.com

Casa de hambúrguer escondida atrás de uma cortina dentro do hotel Parker Meridien – é sério!!! Aqui, o hambúrguer é cultuado e apesar da locação meio duvidosa (tipo quero-ser-cult-mas-estou-escondido-num-mega-hotel), é superbarato, US$ 7. Boa caça ao tesouro!

CORNER BISTRO $

West Village: *331 W 4th St, esquina com Jane St (212-242-9502).*
www.cornerbistrony.com

Apesar das paredes de mogno e da cena West Village em peso, aqui é para comer até lamber os dedos mesmo – o Bistro Burger, carro-chefe da casa, tem 225 gramas de suculenta carne bovina. Aliás, nem tente achar outra coisa no cardápio – é só burger em diferentes versões.

DUMONT BURGER $
Williamsburg: *314 Bedford Ave, entre S 1st St e S 2nd St (718-384-6127).*
www.dumontburger.com

Hambúrguer versão Brooklyn, com boa variedade de cervejas também. Mas melhor que o sanduíche, sinceramente, é a porção de picles fritos. O "mac n'cheese" de lá também é tudo e sai mais rápido.

J.G. MELON $$
UES: *1291 3rd Ave, entre E 74th St e E 75th St (212-744-0585).*

Lugar apertado, escurinho, sempre cheio e que tem um hambúrguer delicioso. As batatas fritas complementam à altura. Boa pedida para um late-dinner, já que fica aberto até mais tarde.

P.J. CLARKES $$
Midtown: *915 3rd Ave, esquina com E 55th St (212-317-1616) ou* UWS: *44 W 63rd St, esquina com Columbus Ave (212-957-9700) ou* Downtown: *4 World Financial Center (212-285-1500).*
@PJClarkes
www.pjclarkes.com

Eu sei que abriu um em São Paulo já, mas o P.J. é icônico de Nova York – especialmente o da 3rd Avenue, que existe desde – atenção para a data! – 1884! A sua grelha histórica dá um toque todo especial ao hambúrguer, hehehe. Não que as filiais não consigam reproduzir esse sabor autêntico. O PJ que fica ao lado do Lincoln Center é uma ótima opção para a fominha que bate depois de um espetáculo.

POP BURGER $
Chelsea: *58-60 9th Ave, entre W 14th e W 15th St (212-414-8686) ou* Midtown: *14 E 58th St, entre 5th Ave e Madison Ave (212-991-6644) ou* East Village: *83 University Place, entre E 11th St e E 12th St (212-477-7574).*
www.popburger.com

Hamburguinhos fofitos em caixinhas coloridas. Imita o padrão McDonald's (você pede no balcão e a cozinha é super express), mas ao mesmo tempo tem lounge onde servem drinques. Uma coisa meio "quando o hambúrguer encontra a balada".

SHAKE SHACK $
Midtown: *Madison Sq Park, esquina com E 23rd St (212-889-6600) e outros cinco endereços.*
@shakeshack
www.shakeshack.com

Hambúrguer suculento, feito sob a supervisão do Danny Meyer – a.k.a. The Modern. Também tem milk shakes incríveis. A filial do Madison Square Park é a mais conhecida, mas depois de filas que se estendiam por boa parte do parque, o dia todo, eles acabaram abrindo filiais (a da 86th St, por exemplo, tem fila só nas horas de pico mesmo. Pelo menos por enquanto, mas não espalha, tá?!).

> DELICINHAS

Estes eu selecionei pensando nas formiguinhas de plantão, como alguém que eu conheço bem e vejo no espelho todos os dias, kkkk.

16 HANDLES $

East Village: *153 2nd Ave, entre E 9th St e E 10th St (212-260-4414) e outros nove endereços.*
@16Handles
www.16handles.com

Veio na onda dos lugares de frozen yogurt que assola Nova York, mas em versão melhorada – o esquema é self-service e por peso. O conceito é ótimo e poupa você de ter que pedir encarecidamente para servirem um pouquinho a mais de chips de chocolate no sorvete. Quer mais? Então você pega e paga por isso. Mas o mais incrível mesmo são os sabores de frozen – 16 no total, daí o nome. Tem até de amendoim.

DOUGHNUT PLANT $

LES: *379 Grand St, entre Norfolk St e Essex St (212-505-3700) ou* Chelsea: *222 W 23rd St, entre 7th Ave e 8th Ave (212-675-9100).*
@DoughnutPlantNY
www.doughnutplant.com

Tudo o que o Dunkin' Donuts deveria ser e nunca vai conseguir: donuts fresquinhos, sabores originais e lugar com cara de botequinho de bairro. Experimente as geleias também, de babar!

ELENI'S COOKIES $$

UES: *1266 Madison Ave, entre E 90th St e E 91st St (888-435-3647) ou* Chelsea: *Chelsea Market.*
@ElenisCookiesNY
www.elenis.com

A Eleni do nome é californiana e começou a vender seus docinhos de sua casa, quando se mudou para Nova York. Hoje é hit da cidade, graças principalmente aos formatos fantásticos de cookies, supercoloridos e originais. Não acho tão gostosos, mas são lindos e alegram a vista. E eles aceitam encomendas de cookies temáticos, uma opção bacana de presente.

FORTY CARROTS $$
UES: *1000 3rd Ave, entre E 59th St e E 60th St (212-705-3085).*
www.bloomingdales.com

Fica dentro da Bloomingdale's, no 7º andar. O frozen yogurt é um ótimo pretexto para uma pausa recarregadora de energias antes de uma nova seção de compritas, hehehehe.

GROM $$
West Village: *233 Bleecker St, esquina com Carmine St (212-206-1738) ou* UWS: *2165 Broadway, entre W 76th St e W 77th St (212-362-1837) e* Columbus Circle – *1796 Broadway, entre W 58th St e W 59th St (212-974-3444).*
@GROMGELATO
www.grom.it

Gelateria italiana incrível, tudo 100% natural – eles levam super a sério essa coisa de não usar aditivos, emulsificantes, corantes e conservantes. E, mesmo assim (ou melhor, por causa disso!), conseguem fazer um gelato absurdamente cremoso, de sabores incríveis – como chocolate extranegro colombiano, pistaches (sírios, que fique bem claro!) e por aí vai. Não à toa os Upper West Siders e os West Villagers veneram.

JACQUES TORRES $$
West Village: *350 Hudson St, entre Charlton St e King St (212-414-2462), ou* UWS: *285 Amsterdam Ave, entre W 73rd St e W 74th St (212-787-3256) e outros três endereços.*
@jacquestorres
www.mrchocolate.com

Este aqui é o rei do chocolate. Ele quer tanto incorporar esse título que escolheu para o seu site www.mrchocolate.com, hahaha! Mas realmente, para chocólatras (como eu), nada como a seleção de chocolates doces, amargos, com frutas secas ou castanhas que é vendida aqui. E o chocolate quente? Cremoso, denso... esquenta até os corações mais gélidos, hehehe!

LADY M $$
UES: *41 E 78th St, entre Park Ave e Madison Ave (212-452-2222)* ou Midtown: *Food Hall do Hotel Plaza.*
www.ladymconfections.com

Vende tortas (doces e salgadas) maravilhosas e tem um microespaço com mesas para tomar café. Ouvi dizer que o sanduíche deles de queijo e presunto é "matador". Eu não como carne de porco, então vou passar sem esta. Mas, para quem come, fica a dica. :-)

LA MAISON DU CHOCOLAT $$$

UES: *1018 Madison Ave, entre E 78th St e E 79th St ou* Midtown: *Rockefeller Center e Food Hall do Hotel Plaza ou* Downtown: *63 Wall St, entre Pearl St e Hanover St.*
www.lamaisonduchocolat.com

Já pensou em comprar uma única trufa de chocolate que custa quase o preço de uma barra inteira? Pois aqui você pode fazer isso e, em vez de sofrer com o valor, se deliciar com um dos melhores chocolates amargos de todos os tempos.

MAGNOLIA BAKERY $$

West Village: *401 Bleecker St, esquina com W 11th St (212-462-2572) ou* UWS: *200 Columbus Ave, esquina com W 69th St (212-724-8101) ou* Midtown: *na Grand Central e no Rockefeller Center ou* UES: *na Bloomingdale's.*
@magnoliabakery
www.magnoliabakery.com

Clássico eternizado por Sarah Jessica Parker em Sex and the City, os cupcakes fazem a fila dobrar quarteirão na loja do West Village. Para fugir disso e ainda assim se deleitar, vá na do Upper West, mais tranquila e mais família. "Didica": o meu doce favorito da Magnolia não é o cupcake e sim o banana pudding – talvez menos conhecido, mas um deleite sem tamanho!

MILK & COOKIES BAKERY $$

West Village: *19 Commerce St, entre Bedford St e Bleecker St (212-243-1640).*
@MilkCookiesNYC
www.milkandcookiesbakery.com

Os cookies são absurdos! O mais tradicional, de chocolate, faz delirar, crocante e macio ao mesmo tempo. Sorry, eu sei que o que eu falei é meio paradoxal, mas seu paladar vai entender direitinho quando você experimentar.

PINKBERRY $$

@Pinkberry
www.pinkberry.com

Cadeia à la McDonald's, só que de frozen yogurt. A famosa "pausa que refresca" no sudorento verão nova-iorquino.

São 13 filiais espalhadas por Manhattan. Você vai encontrar uma com certeza.

RICE TO RICHES $

Soho: *37 Spring St, entre Mott St e Mulberry St (212-274-0008).*
www.ricetoriches.com

Este é especializado em pudim de arroz! Todos com nominhos divertidos, como "Man Made Mascarpone" e "Sex, Drugs and Rocky Road". A lojinha deles no Soho é tudo, mas às vezes cheia demais. Melhor pegar e se deliciar andando pelas ruas do bairro.

WILLIAM GREENBERG DESSERTS $$

UES: *1100 Madison Ave, entre E 82nd St e E 83rd St (212-861-1340).*
@WGbergDesserts
www.wmgreenbergdesserts.com

Fundada na década de 1940, já levou o prêmio de melhor confeitaria de Nova York trocentas vezes. Você tem que ir ver os bolos de casamento e de aniversário, praticamente tão elaborados quanto as maxiesculturas do Richard Serra ou algo do gênero.

TRUE NEW YORK EXPERIENCES

Além do pretzel e do hot dog de carrinhos de rua, outra experiência gastronômica típica em Nova York é comer um cheesecake. Para isso, recomendo ir a alguma deli bem tradicional e se aventurar em um pedaço de cheesecake da altura do Empire State Building, hahaha!

CARNEGIE DELI $$

Midtown: *854 7th Ave, entre W 54th St e W 55th St (212-757-2245).*
@CarnegieDeli
www.carnegiedeli.com

KATZ DELI $$

LES: *205 E Houston St, esquina com Ludlow St (212-254-2246).*
www.katzdeli.com

SECOND AVENUE DELI $$

Midtown: *162 E 33rd St, entre 3rd Ave e Lexington Ave (212-689-9000) ou* UES: *1442 1st Ave, esquina com E 75th St (212-737-1700).*
www.2ndavedeli.com

STAGE DELI $$

Midtown: *834 7th Ave, entre W 53rd St e W 54th St (212-245-7850).*
www.stagedeli.com

> DIRETO DA FONTE

Outra especialidade nova-iorquina são lugares para comprar comida, ingredientes, condimentos ou temperos exóticos. Dá vontade de ir com a mala. Como é proibido levar produtos frescos para o Brasil, o jeito então é se esbaldar por aqui!

CHELSEA MARKET

Chelsea: *75 9th Ave, entre W 15th St e W 16th St.*
www.chelseamarket.com

Versão glam do tradicional mercadão. Tem tudo do bom e do melhor – padaria, frutos do mar, boulangerie, casa de massas... Pena que não é a céu aberto. Funciona pros dias de chuva e frio intenso.

CITARELLA

West Village: *424 6th Ave, esquina com W 9th St (212-874-0383) ou* UWS: *2135 Broadway, esquina com W 75th St ou* UES: *1313 3rd Ave, esquina com E 75th St.*
www.citarella.com

Ótima seleção gourmet de frios, massas e molhos. Destaque para o açougue (carnes superbem cortadas e frescas) e para o aquário com lagostas vivas!!! São quatro filiais em Manhattan (uma delas no Harlem).

DEAN AND DELUCA

Soho: *560 Broadway, esquina com Prince St (212-226-6800).*
@DeanandDeluca
www.deandeluca.com

Vários pontos na cidade. O principal é no Soho. Apesar de ser uma megastore de luxo, a lotação dentro pode ser bem irritante. Mas, com paciência, você vai encontrar iguarias, tipo os azeites de trufa, que eu venero.

ELI'S

UES: *1411 3rd Ave, esquina com E 80th St (212-717-8100).*
www.elizabar.com

Outra megastore glam. Tem de tudo, inclusive as comidinhas marca-registrada do proprietário Eli Zabar, como o pão de nozes e passas, o muffin de cream cheese com chocolate e as ótimas sopas prontas de cenoura e caldo de frango. Dá para montar um jantar todo, com gosto bem caseiro, sem ter que cozinhar nada!

FAIRWAY

UWS: *2127 Broadway, esquina com W 74th St (212-595-1888) ou* UES: *240 E 86th St, entre 2nd Ave e 3rd Ave (212-327-2008).*
@FairwayMarket
www.fairwaymarket.com

Estilo "supermercadão" mesmo – menos charme, mais variedade. Ótimo para verduras e frutas fresquinhas. Queijos incríveis. Em geral, os preços são mais em conta.

RUSS & DAUGHTERS

LES: 179 E Houston St, entre Orchard St e Allen St (212-475-4880).
www.russanddaughters.com

Um clássico do LES desde 1914 especializado em iguarias da culinária judaica – influência da comunidade que desembarcou ali ao chegar da Europa Oriental. Salmão defumado, hering e bagels. Bom lugar para comprar caviar.

WHOLE FOODS MARKET

@wholefoodsnyc
www.wholefoodsmarket.com

Templo da comida orgânica. Têm um super buffet (orgânico, claro) que fica lotado no horário pós-expediente – os nova-iorquinos adoram e eu super assino embaixo. Só a fila do caixa que me desanima. São sete filiais em Manhattan: no subsolo do Time Warner Building, em Chelsea, na Bowery, na Union Square, em Tribeca e no UWS. Todas abrem das 8h às 23h.

ZABAR'S

UWS: 2245 Broadway, esquina com W 80th St (212-787-2000).
@ZabarIsNY
www.zabars.com

Tem quem ache que se você não foi ao Zabar's, não conheceu Nova York. Pudera! O mercado representa bem a cidade: seleção absurda de delicitas, várias delas judaicas; clientes e atendimento neurótico se estapeando o tempo todo: a perfeita combinação nova-iorquina. :-)

NUNCA VI NADA IGUAL

EATALY

Midtown: 200 5th Ave, esquina com W 23rd St (212-229-2560).
@Eataly
www.eatalyny.com

Você tem que ir nesse empreendimento do Mario Batali, dono do Babbo (ver pág. 131). Além de vender produtos de primeiríssima linha, tem vários restôs e ambientes que preparam pratos usando ingredientes das prateleiras. É imenso, de frente para Madison Square Park. A inspiração italiana se estende ao design, com minilojas da Alessi, Kartell, Guzzini etc.

BARES

EU ACHO A CENA DOS BARES MAIS INTERESSANTE QUE A CENA CLUB. É O MELHOR LUGAR PARA FAZER UM DOS PROGRAMAS MAIS DIVERTIDOS DE NOVA YORK: PEOPLE-WATCHING, OU SEJA, OBSERVAR OS TROCENTOS TIPOS DE PESSOAS QUE CIRCULAM NESTA CIDADE. O BAR AQUI TEM UMA COISA MEIO "EXTENSÃO DA CASA". VOCÊ SEMPRE MARCA ALGO COM OS AMIGOS, REUNIÃO DE TRABALHO, OU ATÉ UM ENCONTRO ROMÂNTICO, NUM BAR QUE SEJA PERTO DE ONDE VOCÊ MORA, OU NO MEIO DO CAMINHO PARA TODO MUNDO. OS BARES DESTE CAPÍTULO FAZEM OU FIZERAM PARTE DA MINHA ROTINA.

> BACK ROOM

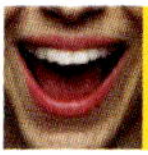

ACHO TUDO

A bebida é servida como na época da repressão – shots em copinhos de papel, cerveja coberta com saco, drinques em xícaras. Meio nonsense, mas divertido.

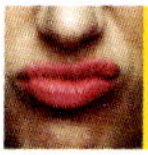

ACHO CAÍDO

O som lá não vai além do rock e pop ambiente. Umas batidas a mais e aquilo seria uma ótima pistinha.

Este lugar é meio na linha "refúgio dos descolados". Não só pelo hype – fica no coração do Lower East –, mas também pelo jeitão "locação escondida". Na verdade, este é mais: tem uma porta falsa de uma loja de brinquedos que você tem que abrir e atravessar um caminho escuro até chegar no bar em si. Olhe, não conte para ninguém, mas o segredo vai além: tem uma sala VIP que se esconde atrás de uma prateleira falsa de biblioteca. Ju-ro! Fique de olho que você acha. É tudo para relembrar o período repressor da Lei Seca, quando quem tinha álcool se via obrigado a inventar as maneiras mais engenhosas para conseguir curtir seu pilequinho. Esses tempos se foram, mas a arquitetura charmosa ficou lá, vá conferir.

LES: 102 Norfolk St, entre Delancey St e Rivington St (212-228-5098).

Delancey St F M J Z

> BBAR AND GRILL

Os drinques são caros, tem fila na porta etc., só que tem uma coisa no BBar que faz valer encarar tudo isso: o pátio, de mais de 300 metros quadrados, coberto de plantas, ao ar livre, no coração de Downtown. Tipo oásis no deserto. Antigamente, ali era um posto de gasolina, que foi transformado em bar e restaurante e virou, desde então, programa tem-que-fazer para a temporada de verão – os happy hours lá bombam nessa época. No inverno (e no verão também), quem deixa a coisa mais caliente ali é o povo que frequenta a Beige, noite de terça, para os meninos que amam meninos. Tem pista de dança, barmen sem camisa e vai até as 4h da manhã. Mas, tirando a jogação, o cardápio deles é supergostosinho e vale a pena a passada lá em horários mais "família" também.

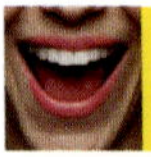

ACHO TUDO

Passado o hype, o bar segue um sucesso. Deu uma reciclada na frequência sem perder a identidade.

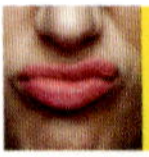

ACHO CAÍDO

O cara da porta, meio (meio nada, beeeeeem!) mala. Respire fundo e boa sorte.

Noho: 40 E 4th St, entre Bowery e Lafayette St (212-475-2220).

Astor Place 6

www.bbarandgrill.com

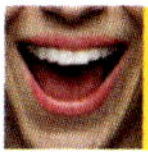

ACHO TUDO

Os donos trouxeram o gerente do Santos Party House, que mantém a coisa organizada na casa mesmo com todo esse barulho em torno do bar. Arrasaram!

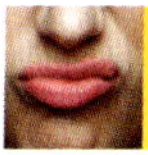

ACHO CAÍDO

Só servem bebida e ponto final. Não servem nem amendoim, nem azeitona, NADA!!! Ô, dureza, hahaha!

> BEDLAM BAR

Pense num trem-fantasma chique e animado – esse é o jeitão deste bar que acabou de abrir no East Village. Momentinho "gossip girl": um dos sócios, o Benjamin Maisani, é namorado (pelo menos até agora a relação tá firme e forte, tá?) do Anderson Cooper (sabe aquele jornalista bonitão, grisalho, da CNN, filho da lendária Gloria Vanderbilt?). Tô falando isso porque, com ele, veio todo o mailing do casal, que inclui Sarah Jessica Parker, Matthew Broderick, Alan Cumming e claque. Bizarro esse pessoal se abalando até a Avenida C, no antigamente underground East Village, mas complementa o décor – esse sim de filme de terror: um monte de cabeças de bichos empalhados e pencas de gravuras mostrando a anatomia do corpo humano espalhadas pelos quatro cantos do lugar, luz indireta fraquinha, ou seja, de tão pitoresco, só torna a noite mais divertida. Tem pistinha também, vá lá ferver.

East Village: *40 Ave C, entre E 3rd St e E 4th St (212-228-1094).*

2 Av F

@BedlamNYC

www.bedlamnyc.com

> FLATIRON LOUNGE

Este já é meio um mix de Epcot Center com túnel do tempo. Explico: o lounge fica num prédio construído em 1900 (o ano exato é esse mesmo!) e foi todo montado usando componentes de bares icônicos de outros tempos. O balcão é herança do The Ballroom, bar que o Frank Sinatra frequentava direto na sua época áurea; os azulejos das paredes são de 1920, vindos do bar do Algonquin Hotel, e tudo o que não é original reproduz na íntegra a mobília art déco do prédio. Chique e aconchegante ao mesmo tempo, fora que tem esse climinha lounge bem anos 1990 que eu adorava e ainda adoro.

ACHO TUDO

O drinque Beijing Pitch, invenção de uma das donas, a chef Julie Reiner. Vodka com infusão de jasmim misturada com purê de pêssego. Hummmmm...

ACHO CAÍDO

A frequência às vezes pode ser yuppie demais. Abstraia.

Midtown: 37 W 19th St, entre 5th Ave e 6th Ave (212-727-7741).

23 St (N)(R)

@Flatironlounge

www.flatironlounge.com

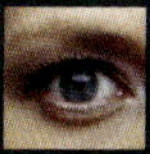

FLATIRON BUILDING

NÃO SE ESQUEÇA DE OLHAR PARA O ALTO QUANDO ESTIVER SAINDO DO METRÔ NA 23RD ST PARA ADMIRAR O FLATIRON BUILDING, FAMOSO POR SER O ÚNICO ARRANHA-CÉU TRIANGULAR DA CIDADE. UM FEITO ABSURDO PARA A ÉPOCA EM QUE FOI CONSTRUÍDO, 1902. O PRÉDIO HOJE É TOMBADO COMO PATRIMÔNIO HISTÓRICO DA CIDADE.

> GRAND CENTRAL OYSTER BAR & RESTAURANT

Se você estiver na Grand Central e bater aquela fominha, pode descer um andar até o Oyster Bar. Isso se você for fã de frutos do mar e, em especial, das ostras (oysters). O Oyster Bar está lá desde 1913 e até hoje é preferência irrefutável entre os críticos de comida e os nova-iorquinos em geral. Ok, você vai chegar e dar de cara com um monte de turistas, cena famílião etc., mas a rotatividade é alta, tem muitas mesas, então não demora muito para se sentar, mesmo nos dias mais cheios. E o ambiente é inteiro original, cheio de arcos no teto, tudo forrado de azulejo, parece cena de filme de gângster, super Nova York de outros tempos. Fecha no domingo, viu?

Midtown: *Grand Central Station, entrada principal pela E 42nd St e Park Ave South (212-490-6650).*

Grand Central 4 5 6 7 S

www.oysterbarny.com

AH, VÁ! OS ARCOS DO OYSTER BAR

O arco da frente do restaurante foi feito com um truque acústico que acentua o eco da área. Ou seja, um sussurro de alguém numa ponta pode ser ouvido perfeitamente do outro lado do arco. Cuidado para não contar nenhum segredo ali, hein? ;-)

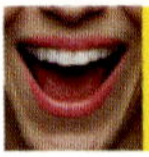

ACHO TUDO

A vinhetinha do site, uma animação com um monte de ostras aplaudindo a Grand Central. Muito fofaaaa!

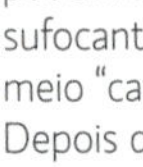

ACHO CAÍDO

Por ser no subterrâneo, muitas horas ali dentro podem ser meio sufocantes, uma coisa meio "catacumbas". Depois de curtir as ostras, nada melhor do que voltar para a superfície e respirar o ar puro (hã???? kkkk) da metrópole.

ACHO TUDO

O rolinho primavera de Croque Monsieur. Mais inventivo impossível.

ACHO CAÍDO

Como o lugar é grande (capacidade para 250 pessoas), quando lota, fica barulhento demais.

> HURRICANE CLUB

Mais um bar na linha Epcot que vale super a pena visitar. Neste, o tema é a Polinésia e os caras levaram a inspiração àqueles extremos que só se veem nos EUA mesmo. Imagine, tem até fonte jorrando rum no primeiro andar do bar/restô. A excentricidade se justifica, pois eles têm mais de 150 tipos de rum no bar. Mas o melhor da Polinésia que você vai achar ali é a seleção de drinques, super fruity e com misturas absurdamente criativas. Eu amo o Pisco Alto del Carmen, com morango e maracujá. Outro drinque-hit de lá é o de abacaxi caramelizado com curry, pode pedir. Apesar de ser bar, o menu tem delicinhas como os pu-pu platters (tipo "tapas"), sendo que vários deles vêm com arroz tostado, importado de Bora Bora. Aloha! (Ops!, isso só se diz no Havaí, hein???!).

Midtown: *360 Park Ave South, esquina com E 26th St (212-951-7111).*

28 St 6

@HurricaneClubNY

www.thehurricaneclub.com

> MACAO & TRADING CO.

Eu pouco sabia sobre Macau – aquele micropaís na costa da China que foi colônia portuguesa – nem que lá tinha um distrito da luz vermelha, tipo o de Amsterdã. Bem, eu aprendi mais sobre o lugar graças a este barzinho supersimpático em Tribeca. Calma, nada de aula de História aqui, só estou falando que a inspiração é, no mínimo, original, e isso se traduz nos drinques mais incríveis, tipo o Drunken Dragon's Milk, um mix de vodca com pasta de coco, mais cinco tipos de ervas chinesas e manjericão da Tailândia, que você vai bebendo como se fosse suco e quando levanta... já viu, né? Para segurar a bebedeira, vale provar os pratinhos inspirados na cozinha oriental, como as almôndegas de carne de carneiro. Falando assim parece exótico demais, mas prove que você vai ver.

ACHO TUDO

A lanterna que ilumina a fachada externa, que dá à rua uma cara de locação de filme chinês.

ACHO CAÍDO

A carta de vinhos segue a inspiração luso-asiática. Ou seja, se você não é fã de vinho verde ou do Porto, não se arrisque.

Tribeca: *311 Church St, entre Walker St e Lispenard St (212-431-8750).*

Canal St A C E

@MacaoTradingCo

www.macaonyc.com

ACHO TUDO

O bar fica no pé do Puck Building, o prédio onde a Grace (do Will & Grace) trabalha na série. Olhe bem para a fachada, é aquela mesma!

ACHO CAÍDO

A escadinha escondida atrás da porta de ferro preta, que você tem que descer para chegar ao bar. Descer aquilo de salto é tipo prova de reality show.

> PRAVDA

Outro bar que é meio subterrâneo, só que em Nolita. Quando o Pravda foi fundado, nos anos 1990, o bairro era o centro da cena cool da cidade e virou febre – horas de espera, gente se amontoando para entrar, aquela coisa. Passados todos esses anos – e essas pessoas –, ele virou um destino mais discreto e ainda assim bem bacana. Do banheiro imitando as casas de banho coletivas ao caviar vendido por quilo, tudo no bar é inspirado na finada União Soviética. Outra inspiração óbvia – e que a gente adora – é o cardápio de vodca, cheio de infusões e outros toques que só os amigos russos sabem fazer. Os Martinis também são incríveis. No domingo, às 20h, tem sessões de filmes antigos de James Bond.

Nolita: *281 Lafayette St, entre Jersey St e Prince St (212-226-4944).*

B'way – Lafayette St B D F M

www.pravdany.com

> ROSE BAR

Putz, já vou te avisando: prepare-se para a cara na porta. Este é um dos bares mais exclusivos de Nova York. Também, fica num dos hotéis mais caros de Manhattan, o Gramercy Park Hotel. Vive cheio de celebs, um monte de wannabes tentando se enfiar, mas, se você conseguir, vai entrar num bar forrado de obras do Andy Warhol na parede, selecionadas por quem entende do assunto – o artista plástico Julian Schnabel, um dos sócios do bar. A seleção de bourbons é o foco original da carta de drinques, mas o Martini que eles fazem lá também é uma delícia. Peça com tudo. E fora que fica de frente para o Gramercy Park, na minha opinião, um dos lugares mais chiques para morar. Se for depois das 21h, reserve uma mesa pelo rosebar@gramercyparkhotel.com.

ACHO TUDO

A lareira do bar, que funciona nos meses de inverno. Superaconchegante.

ACHO CAÍDO

Conseguir entrar pode ser uma batalha, e conseguir a atenção do garçom é outra tão árdua quanto. Força no carão.

Midtown: *2 Lexington Ave, entre E 21st St e E 22nd St (212-920-3300).*

23 St 6

@GPHhotel

www.gramercyparkhotel.com

GRAMERCY PARK

EM FRENTE AO ROSE BAR, FICA O GRAMERCY PARK, UM PARQUE NO MEIO DA CIDADE COM UMA CARACTERÍSTICA MEIO PECULIAR. APESAR DE OCUPAR UMA ÁREA PIPIRICA, ELE É PRIVADO, TODO CERCADO, E SÓ PODE SER USADO PELOS MORADORES DE SEU ENTORNO, QUE TÊM SUA CHAVE PARTICULAR. EGOÍSTA, NÉ? MAS CONFESSO QUE ACHO CHIQUE. BEEEEM CHIQUE.

> SAKE BAR SATSKO

É daqueles lugares "caixinha de fósforo", sabe? Umas mesinhas de um lado, balcãozinho pequeno do outro – só cabem 25 pessoas sentadas –, mas não se desempolgue, porque o Satsko é super "da vizinhança", então, em geral, é tranquilo e dá para sentar rápido. No cardápio de bebidas, como o nome sugere, mais de 30 tipos de saquê, dos mais secos aos mais doces. Bem, é o que precisa para garantir a diversão, né? Também tem cerveja Sapporo à pressão, superlevinha. O menu é ok, mas não vai nada além do que se esperaria de um japa razoável.

ACHO TUDO

Os lustres de franjinha que ficam em cima das mesas, super Japan style. Dá todo o clima.

ACHO CAÍDO

Não dá para ir em mais de quatro pessoas por causa do tamanho do lugar. Se seu grupo for maior que isso, pode esquecer.

East Village: *202 E 7th St, entre Ave B e Ave C (212-614-0933).*

2 Av (F)

@sakebarsatsko

www.satsko.com

ACHO TUDO

A parede inteira de janelas que dão vista (quase) completa da Houston St. Parece que você tá jogando bilhar em uma das pistas da rua.

ACHO CAÍDO

Que pelo mesmo motivo anterior, às vezes o barulho de trânsito e obras pode ser meio chato. Minha dica: vá sempre à noite.

> SOHO BILLIARDS

Bilhar aqui nos EUA é meio instituição tradicional nos bares, mas este aqui é só voltado para os jogadores mesmo: não tem muita mesinha nem banquinho no bar. A ideia é que você fique ao redor de uma das mesas que eles têm lá dentro, tamanho profissional. É só chegar e pegar a sua, por US$ 6 a hora. Claro que muita gente fica ali só circulando na azaração e nem se arrisca, mas, bem, você pode ser um desses, então não vou falar mais nada, hehehehe. Brincadeiras à parte, seja para dar suas tacadas ou seus goles, o Soho Billiards é uma boa opção. Também é superfácil de chegar, tem uma parada de metrô das linhas B, D, F e M praticamente na porta do bar.

Soho: *298 Mulberry St, esquina com E Houston (212-925-3753).*

B'way – Lafayette St B D F M

www.sohobilliardsny.com

> TERROIR

O Terroir é, na minha opinião, o mais charmoso da penca de wine bars que existem no East Village – esses que servem somente vinho, têm uma carta pequena de aperitivos italianos para petiscar e mais nada. Todo forrado de madeira, lembra também um restozinho de estação de ski. A seleção de vinhos muda constantemente, de acordo com os achados que os dois donos – italianos, of course – encontram em suas andanças mundo afora. Apesar da bancada comunitária no meio, pode ser um bom e casual lugar para um primeiro ou segundo encontro.

ACHO TUDO

O sanduíche de presunto de pato. Nunca tinha ouvido falar, mas provei e amei.

ACHO CAÍDO

O único metrô que chega lá perto é o L. Em dia de neve, que é quando a gente quer um bom vinho tinto, isso pode ser um belo desencorajador.

East Village: *413 E 12th St, entre Ave A e 1st Ave (646-602-1300) e também em Tribeca e no Highline.*

1 Av (L)

@terroirNY

www.wineisterroir.com

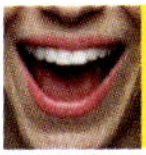

ACHO TUDO

O jardim externo, onde rola churrasco no verão. É ótimo porque também praticamente duplica a capacidade do lugar. E a decoração, no inverno, também pega tudo – uma biblioteca, lareiras, ambientes que parecem salas de estar e tudo meio escurinho –, mais cozy impossível.

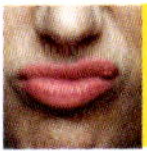

ACHO CAÍDO

A gente se anima para ir a baladas no Brooklyn, mas na hora de voltar pode ser meio infernal. Tente descobrir um serviço de táxi na hora de ir embora, já que achar um amarelinho lá é praticamente impossível.

> UNION HALL

Bom também cruzar a ponte e ir tomar umas do lado de lá do rio, né? Este bar é um complexo que mistura programação musical de DJs com show de bandinhas locais do Brooklyn, mais duas pistas de bocce – ou bocha (sabe aquele jogo de pista de areia e bolas de metal que os velhinhos amam?). Aqui, graças ao bar, o esporte virou modinha entre os descolados da região. Então, meninas, podem ir preparadas, porque chove gatinho. Fora que tentar jogar a bola direito depois de umas a mais pode ser, no mínimo, uma experiência para se lembrar na posteridade, hahaha!

Brooklyn: *702 Union St, esquina com 5th Ave – Park Slope (718-638-4400).*

Union St Ⓡ

@UnionHallNY

www.unionhallny.com

SE JOGA!

DEPOIS DE SE ACABAR NAS COMPRAS, PASSEIOS, RESTAURANTES E MUSEUS, NADA COMO UMA BOA BALADINHA, NÉ? BEM, ENTÃO AQUI JÁ VAI MEU PRIMEIRO AVISO: A NOITE DAQUI NÃO ANDA ASSIM TÃO FERVIDA COMO JÁ FOI. OS TEMPOS DO PUNK, DO POP, DO CLUBBER, DA MONTAÇÃO, FORAM DEVORADOS PELOS PREFEITOS CONSERVADORES E PELO MERCADO IMOBILIÁRIO PREDATÓRIO. OUTRA COISA É QUE AQUELA VIBE "A FESTA NUNCA TERMINA" TAMBÉM ANDA EM BAIXA. MAS ISSO NÃO QUER DIZER QUE VOCÊ NÃO VAI ENCONTRAR BOAS OPÇÕES PARA SE DIVERTIR.

ACHO TUDO

Fica do lado do McCarren Park, parque entre as regiões de Williamsburg e Greenpoint, no Brooklyn. Mais discreto que o Central Park ou o Prospect Park, no verão junta uma galera local super cool. Faz do Brooklyn Bowl um programinha dois-em-um.

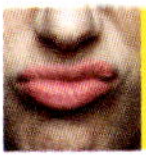

ACHO CAÍDO

Hipster às vezes pode ser meio preconceituoso com quem não é. Então capriche no look rocker, ou "lenhador urbano", e decore o nome de todas as bandinhas-sensação do momento se você quiser se dar bem por lá.

> BROOKLYN BOWL

Acho a ideia deles tudo – mistura de diner, bar, baladinha e boliche! São 16 pistas, old style, e é o destino predileto dos hipsters (didicionário: "hipster" é como a gente chama o pessoal descoladinho de Nova York, que em geral mora em Williamsburg e cercanias). Ame-os ou odeie-os, é essa galerinha que dita o novo e acaba agitando ideias criativas como a do BB. Também tem vários shows por lá – fique de olho na programação. E as comidinhas são tudo, feitas pelo pessoal da Blue Ribbon Brasserie – as pizzas estilo francês são de babar. Hummm, que déli!

Williamsburg: *61 Wythe Ave, entre N 11th St e N 12th St (718-963-3369).*

Bedford Av (L)

@brooklynbowl

www.brooklynbowl.com

> CAKE SHOP

Este lugarzinho vive no meu coração – tantas reuniões de pauta do Lugar Incomum que eu já fiz por lá... Na entrada, é um cake shop mesmo, com bolos e muffins que levam nomes das bandas de rock famosas da cidade (amo o "Velvet Underground", de banana, humm!), sanduichinhos e afins. E cerveja, claro. Eles também vendem vinis por lá, numa linha "A Vida É Cheia de Som e Fúria" (sabe aquele filme sobre uma loja de discos bem roots, baseado no livro do Nick Hornby?). O lugar é Wi-Fi e, depois de uma certa hora, eles liberam o palquinho do subsolo para showzinhos de indie rock. Bem a cara da galera que circula pela região – o coração do Lower East Side. Depois, para manter a onda, entra um DJ, com seleçãozinha esperta de pérolas do new wave. Também tem performance falada, meio preguiça, mas pode ser legal para sacar a onda dessa cena artsy que agita a noite da área.

ACHO TUDO

Os assentos são puffs ou cadeiras antigas de salas de cinema de Nova York. Meio cozy, meio nostalgia.

ACHO CAÍDO

A coisa não vai até muito tarde ali. Depois dos shows e de um tempinho de DJ tocando, eles deixam claro que é hora de puxar o carro.

LES: 152 Ludlow St, entre Stanton St e Rivington St (212-253-0036).

Delancey St F M J Z

@cakeshopnyc

www.cake-shop.com

ACHO TUDO

A disco ball que gira imperiosa no teto, bem no centro da pista. Dá o maior climão Saturday Night Fever.

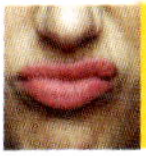

ACHO CAÍDO

Eles alugam o espaço para festas de casamento. Mais cafona impossível.

> CIELO

Não me chame de playboy, pleeeease! Bem, digo isso porque essa é a cena que você vai encontrar lá, já na fila. Mas não se assuste: prenda a respiração e entre. A recompensa está na pista. A qualidade do som é absurda, e todo mundo concorda que é a melhor, ou, senão, uma das melhores em Nova York. O bom (ou ruim, dependendo do seu espírito de comunhão com as multidões) é que o lugar não é tão grande assim, então se aquele gatinho (ou gatinha) que você viu na fila entrou, pode ter certeza de que você vai poder fazer a(o) despretensiosa(o) e num primeiro giro já vai dar de cara com ele(a). Na programação de DJs, tops dos anos 2000 como François K., que tem, já faz anos, a sua Space Monday, às segundas. Aliás, "didica" tendencinha aqui: a segunda é a nova sexta em Nova York, e a chance de você encontrar um pessoal mais cool é bem maior que nos lotados fins de semana.

MePa: 18 Little W 12th St, entre 9th Ave e Washington St (212-645-5700).

8 Av – 14 St A C E L

@CieloClub

www.cieloclub.com

> GREENHOUSE

Já ouviu falar de um clube eco? Pois é, essa é a proposta do Greenhouse, que usa só materiais recicláveis e plantas na decoração, tentando imitar uma estufa, e usa o tema também nos drinques. Falando assim parece a coisa mais chata do mundo, mas isso é só pretexto. A ferveção ali rola solta, sem o povo se preocupar muito em salvar o planeta. Nos domingos, tem a noite Vandam, que preserva a tradição dos vogue-offs – a dança que inspirou o megahit da Madonna nos 1990. As bees (sim, é gay, mas sem preconceitos, hein?) se acabam no meio da pista e na montação (no andar de baixo), e também tem um pessoal bem lokão que faz performances na pista de cima. Como o movimento Vogue é 100% nova-iorquino, acho essencial você ir ver qual é a desse povo e quem sabe aprender algum passo. Diria que o povo ali é uma versão anos 2000 bem divertida de Michael Alig e sua turma.

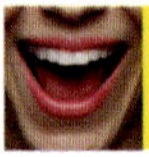

ACHO TUDO

As bees acreditam com tudo na noite e fazem os passos mais absurdos, tudo improvisado ali na hora. E ainda te desafiam a fazer o seu, tentam te ensinar... superdivertido!

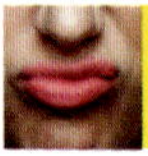

ACHO CAÍDO

Como o lugar é gay, as meninas perdem a preferência na fila do banheiro e tudo se mistura, dependendo da lotação. Nada contra os meus amiguinhos alegres, mas ir ao WC é um momento só meu.

Soho: *150 Varick St, entre Vandam St e Spring St (212-807-7000).*

Spring St C E

www.greenhouseusa.com

ACHO TUDO

Apesar do tamanho relativamente grande, o sistema de som dá conta do recado e você não sai com o ouvido zunindo, mesmo se ficar perto de uma das caixas.

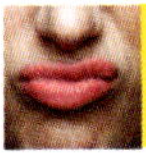

ACHO CAÍDO

Essa história de porta é superchata. Afinal, quem sobe e não entra tem que descer o prédio inteiro com o rabo entre as pernas. Bem constrangedor.

> HIGHLINE BALLROOM

Não se assuste: esta casa de shows fica ao lado de um supermercado e, ao mesmo tempo, é uma das locações mais legais para apresentações do povo nova-iorquino que tá começando, ou crescendo na cena – de Arctic Monkeys e Peaches ao performer Justin Bond. Além disso, o Highline Ballroom ainda mantém o espírito relax de permitir apresentações de última hora. Então, quando for ver seu show, pode ir esperando uma surpresa. Quem sempre acaba dando pinta por lá é a bandinha que toca no talk-show do apresentador Jimmy Fallon, uma coisa meio músicos do Jô caindo na night. E eles sempre trazem amigos para fazer uma jam. Só fique de olho no calendário porque eu não sou a única a saber de tudo isso, né? Então, volta e meia, quando você clica no "buy tickets", já tá esgotado de velho.

Chelsea: 431 W 16th St, entre 9th Ave e 10th Ave (212-414-5994).

8 Av - 14 St A C E L

@HLBallroom

www.highlineballroom.com

> JOE'S PUB

Se você quer saber quem vai acontecer no mês, semestre ou ano seguinte no showbiz, pode ir para o Joe's Pub, que fica dentro do icônico Public Theater. Os caras, desde 1998, têm o faro mais apurado para descobrir quem está em ascensão. Imagine: o primeiro show da Amy Winehouse, bem antes da sua ladeira abaixo (o que o crack não faz com a pessoa, né gente?), foi lá. Dito e feito: não se passaram meses e ela explodia com "Rehab". Eles também abrem espaço para gente cool de outros países – já teve até showzinho delícia do Otto por lá – e é antro da cena musical cool de Nova York: Patti Smith, Lou Reed etc. E, como se trata de um pub, se você pegar uma das mesas da frente, vai ficar literalmente colado com o artista.

ACHO TUDO

Eles fazem (quase sempre) dois shows do mesmo artista na noite. Bom para quem tem horário, mas ainda assim quer ver as disputadas atrações.

ACHO CAÍDO

Eles servem comida no meio do show. Nada mais irritante que o barulho do garfo batendo no prato enquanto a pessoa tá cantando.

Noho: *425 Lafayette St, entre E 4th St e Astor Place (212-539-8778).*

Astor Place 6

@JoesPubNYC

www.joespub.com

Courtesy of The Public Theater

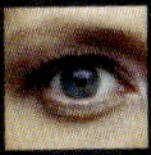

PUBLIC THEATER

O JOE'S PUB FICA DENTRO DO PUBLIC THEATER, MECA DO TEATRO INDEPENDENTE EM NOVA YORK. ENTÃO, SE VOCÊ CURTE UM TEATRO MAIS CABEÇA, LÁ HÁ UMA BOA CHANCE DE ENCONTRAR. FUNDADO EM 1954, O PRÉDIO TEM CINCO SALAS DE TEATRO E HOJE É TOMBADO COMO PATRIMÔNIO HISTÓRICO NACIONAL.

@PublicTheaterNY

www.publictheater.org

> LE BAIN

Não, eu não tô falando do Boom Boom Room, mas sim do outro clube também no topo do badaladérrimo Standard Hotel, este com outras diversões além da pista cheia de celebs, como piscina, terraço e mesas de bilhar. Depois de uma determinada hora, o povo se joga na água e aí já viu. Quem tem agitado as festas mais cool de lá é o pessoal da DFA Records (de James Murphy a.k.a. LCD Soundsytem, sabe?). Então, fique de olho quando estiver por aqui e veja se tem festa deles rolando. E também capricha no RP, porque é dificílimo entrar na orelhada. Mas nada que o jeitinho brasileiro não consiga resolver.

ACHO TUDO

Finalmente apareceu um clubinho cool no MePa, um bairro que muitas vezes lota com um pessoal meio "escritório" demais. Thanks, Le Bain, por ajudar a levar uma galerinha bacana para lá!

ACHO CAÍDO

A parada de metrô mais próxima (a da linha L) fica na Oitava Avenida, e o clube fica quase na Décima. Não se iluda com o pensamento "ah, são só dois blocks", porque quarteirão horizontal de Manhattan é gigante, ainda mais depois de umas cervejas a mais.

MePa: *848 Washington St, entre W 13th St e Little W 12th St (212-645-4646).*

8 Av – 14 St A C E L

@standardny

www.standardhotels.com

ACHO TUDO

O lugar tem vários banheiros. Dá para sair da plateia rapidinho, voltar e encontrar a turma numa boa, sem perder muito dos shows.

ACHO CAÍDO

Os seguranças são muito invasivos, e às vezes ficam até dentro do banheiro. Meio constrangedor.

> (LE) POISSON ROUGE

Aqui tem vários showzinhos legais e eles não começam tarde, ou seja, dá para ir e chegar em casa, oops, no hotel, a tempo de dormir boas horas de sono e acordar inteiro no dia seguinte, pronto para mais um dia de maratona nova-iorquina. O (Le) Poisson Rouge fica no meio do Village, bem perto da New York University (uma das melhores universidades da cidade), então espere encontrar vários dos alunos por lá.

West Village: 158 Bleecker St, entre Sullivan St e Thompson St (212-505-3474).

Bleecker St 6

@lprnyc

www.lepoissonrouge.com

PARTY TIME

Vários museus se arriscam a fazer suas baladinhas, mas a que eu acho mais divertida é a **One Step Beyond**, no Museum of Natural History. Além de ser uma ótima locação – de frente para o Central Park –, a programação de atrações musicais é ótima (já vi lá Passion Pit, Scissor Sisters, Hercules and Love Affair...). A festa é mensal, sempre numa sexta-feira, e começa cedinho, às 21h, o que é ótimo para quem quer ferver, mas aproveitar a cidade cedo no dia seguinte. Para conferir a programação e comprar ingressos, vá ao www.amnh.org/osb.

"Didica": tenha sempre uma picture I.D. com você (pode ser a carteira de motorista brasileira) para poder beber álcool sem neuras, já que aqui tudo é bem mais controlado que no Brasil.

POR FAVOR, REBOBINE

PARTY MONSTER (1998)

O promoter Michael Alig marcou a cena local dos anos 1990 com muita montação e muita, mas muita ferveção. Nos 2000, sua vida virou o filme "Party Monster". Macaulay Culkin fez um ótimo trabalho em recriar a lenda urbana para a telona e o filme é um ótimo retrato do que foi o movimento clubber na cidade.

ACHO TUDO

A localização, sem dúvida uma das mais bacanas da cidade. Ir para lá é comungar com a galerinha cool de Nova York.

ACHO CAÍDO

Demora horas para pegar um drinque. Deve ser porque os bartenders são tão cool quanto os frequentadores, daí ficam papeando horas, ou acham que é um favor te servir.

> PIANOS

Mix de casa de shows ao vivo com DJs, funciona numa antiga loja de pianos estilo parisiense, daí o nome. O povo também costuma ficar na porta, seja para fumar seu cigarrinho (eca!) ou ficar de olho na galera que passa pelas ruas – já que o Pianos fica no miolo do agito do Lower East Side e acabou virando point queridinho dos hipsters do Brooklyn e do East Village também. Descolex style. E se você quiser soltar o gogó, também rola karaokê às segundas, logo após as noites de stand-up comedy, outro hit do Pianos. Sorry, mas menores de 21 não podem entrar.

LES: 158 Ludlow St, esquina com Stanton St (212-505-3733).

Delancey St F M J Z

@PianosNYC

www.pianosnyc.com

> SANTOS PARTY HOUSE

Espaço com vários andares em Chinatown que abriga atrações que vão das roqueiras ultraindie Vivian Girls aos DJs do Simian Mobile Disco e Cia. Em andares separados, claro. A programação é intensa, mas nem sempre tá incrível. Vá sem preconceitos, porque vale conhecer a casa e seu sistema de som de altíssima qualidade. Até porque o ingresso gira em torno dos US$ 10, o que, na minha opinião, é um precinho bem camarada para uma noitada nova-iorquina.

Chinatown: *96 Lafayette St, entre Walker St e White St (212-584-5492).*

Canal St N Q R 6 J Z

@SantosPartyHaus

www.santospartyhouse.com

AH, VÁ! DANCEFLOOR PREMIADO

O Santos já ganhou trocentos prêmios. Eu nem sabia que clube ganhava troféu, mas eles já receberam os de melhor clube novo e melhor noite de DJs, da Paper Magazine; a melhor pista de dança, segundo o Village Voice, mais vários outros relacionados ao som e à luz da New York Press e da The L Magazine. Te falei que é para ir sem medo...

ACHO TUDO

A noite "Fixed", que tem rolado às quintas e traz DJs excelentes da Europa.

ACHO CAÍDO

A programação é definida muito em cima da hora. Às vezes eles cancelam festas e atrações nos 45 minutos do segundo tempo. Odeio perder a viagem!

ACHO TUDO

Essa é uma das poucas noites de domingo que realmente vão até tarde.

ACHO CAÍDO

Os caras da porta são metidos a conhecer todo mundo e podem ser chatos se você for marinheiro de primeira viagem. Conselho: capricha na montação Morrisey, que ajuda a furar o cerco.

> SWAY

Do lado do Greenhouse (mas hetero, tá?), este é outro lugar que bomba aos domingos. O porquê? A Morrisey Night, que começou faz mais de dez anos e segue animando a noite da região. Só toca hits do deus dos anos 1980 e coisas nessa linha. A-do-ro! Nada, nada de eletrônico, só rockzinho desses tempos. O povo acredita na montação e se inspira no look roqueiro para aparecer por lá. Pode caprichar também, que todo mundo vai adorar. Outra coisa boa: tem bastante mesa, se você só quiser ficar observando a cena. Fecha na terça e na quarta.

Soho: *305 Spring St, entre Hudson St e Renwick St (212-620-5220).*

Spring St C E

www.swaylounge.com

> TERMINAL 5

Parece filial do Coachella (sabe o megafestival que rola no deserto da Califórnia todo mês de abril, né?), porque todo mundo que toca lá vai se apresentar antes ou depois no Terminal 5. Lugar grande com uma arquitetura esperta, superfácil de ver o show de onde quer que você esteja. Eles também têm uma área ao ar livre com sofazões, onde se vende um hambúrguer delicinha se bater fome de última hora. "Didica" para você ler e guardar para si e para sua turma: tem uma escada que sai dessa área e cai num canto da pista que dá para você se esgueirar e chegar bem perto do palco. Anotou? Agora ssshhhhh! E vá se enfiando que o palco espera você.

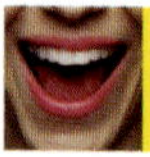

ACHO TUDO

Mesmo quando dizem que acabaram os ingressos, tem muita gente que vai vender o seu. Tente comprar da galera que acabou tomando um cano de última hora, e não dos malandros metidos a cambista, tá?

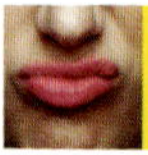

ACHO CAÍDO

Fica meio longe das linhas de metrô. Na hora de ir embora, você praticamente tem que se estapear por um táxi ou andar quilômetros. Já vá se preparando espiritualmente.

Midtown: 610 W 56th St, entre 12th Ave e 11th Ave (212-582-6600).

59 St – Columbus Circle
A C B D 1

@Terminal5

www.terminal5nyc.com

ACHO TUDO

Fica no East Village e, quando acaba o show, tem várias outras coisas para fazer por ali.

ACHO CAÍDO

O andar de cima, que tem uma vista ótima, é uma área VIP sem nenhum VIP dentro. Uma coisa meio convites para o pessoal da firma que organizou. Liberem o espaço, please.

> WEBSTER HALL

Um dos poucos que sobraram da era dos megaclubes, soube se reciclar virando lugar para apresentações de DJs superstars e bandas legais de outros países. A decoração é meio uó (beeeeem uó aliás, afff), a bebida é cara, mas vira e mexe tem alguém que eu amo se apresentando por lá. Essa coisa megaclube também me parece meio fora do seu tempo: sou bem mais fã de lugar pequenininho do que desses de duzentos andares, com mais duzentos ambientes. Mas a programação é tão boa que vale o sacrifício. Compre a entrada na internet, que facilita a vida. Aberto quinta, sexta e sábado.

East Village: 125 E 11th St, entre 4th Ave e 3rd Ave (212-353-1600).

Astor Place 6

@WebsterHall

www.websterhall.com

STOP

NOVA YORK “SUJINHA”

NOVA YORK É FETICHE GLAM DE MUITA GENTE, GRAÇAS ÀS SUAS LOJAS CARÉSIMAS, PRÉDIOS IMPONENTES E LOCAÇÕES CINEMATOGRÁFICAS, MAS A CIDADE TEM TODO UM LADO "PÉ SUJO" QUE NÃO DÁ PARA ESQUECER. NÃO SÓ PORQUE FAZ PARTE DA AURA "ROCK AND ROLL" DA BIG APPLE, MAS TAMBÉM PORQUE TEM UM MONTE DE COISAS IMPERDÍVEIS QUE ESTÁ ALI DISFARÇADO POR DEBAIXO DA POEIRA. SÓ NÃO SE ESQUEÇA DE LAVAR BEM AS MÃOS DEPOIS, KKKKKK.

ACHO TUDO

Dá para barganhar com eles, no maior estilo feira de rua. Na hora da pechincha, faz a estudante de decoração que o descontão aumenta.

ACHO CAÍDO

A poeira um pouco excessiva que fica acumulada nas antiguidades. Se você tem alergia nem entre.

> ARCHANGEL ANTIQUES

Tem lojas de antiguidades que levam sua missão ao extremo e a Archangel é a melhor representante delas. Imagine, eles têm um acervo de mais de mil brincos e uma das maiores coleções de botões de Manhattan. Mas não é só de miudezas que a loja vive: entre os trocentos artigos empoeirados, você pode achar, num mesmo cantinho bagunçado, uma cadeira Mies van der Rohe, lustres anos 1930 art déco e outras raridades. Fora os absurdos que fazem da sua ida à loja uma coisa meio passeio no trem-fantasma: artigos de guerra de tribos africanas, algemas exóticas e até dentes humanos (e de animais) de outros tempos (eca!). Um verdadeiro mercado das pulgas escondido – e comprimido – numa lojinha de bairro.

East Villlage: *334 E 9th St, entre 1st Ave e 2nd Ave (212-260-9313).*

Astor Place 6

www.archangelantiques.com

> EL NUEVO AMANECER

Passando pela porta, você talvez ache que aquilo ali seja um dos restaurantes mais sujos daqui, mas entre sem preconceito, porque o El Nuevo Amanecer é ponto de encontro clássico da galera cool do Lower East Side que quer economizar uns trocos mas se jogar com tudo na comida latina. Tem pratos da cozinha mexicana, cubana e porto-riquenha em porções bem servidas – o copo de frozen marguerita é praticamente um balde. O staff é 100% latino-americano e eles só abrem à noite, ou seja, é uma ótima opção para forrar o estômago antes da balada na região.

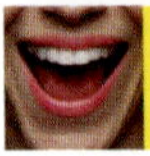

ACHO TUDO

O jukebox que só tem hits da música hispânica, é só você se levantar e escolher. Tem de tudo, de Miami Sound Machine a Shakira! A-m-o!

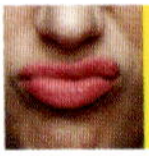

ACHO CAÍDO

O banheiro, que podia ser menos sujinho. Afinal, sujinho = nojinho. Argh!

LES: 117 Stanton St, entre Essex St e Ludlow St (212-387-9115).

Delancey St F M J Z

> FASHION DISTRICT

Também é conhecido como Garment District e fica entre a Times Square e o Chelsea. Ali se concentra tudo o que diz respeito à moda, ou melhor, à confecção dela. Tem loja de tudo – de botão, de tecido, de fita, de cadarço de tênis –, tudo no estilo "atacadão", ou seja, só vende em proporções gigantes e para empresas, mas se você arriscar o jeitinho brasileiro, inventar uma boa história, você pode fazer compras incríveis. Ali também ficam showrooms de várias marcas de roupa e duas das melhores escolas de moda do mundo: a Parson's e o Fashion Institute of Technology (FIT). Várias exposições do Museum at FIT são grátis e valem a pena. Tudo isso no meio de muito entulho, tecido empoeirado, gente gritando por um desconto... Quem disse que o mundo da moda é só glamour?

Midtown: "cercada" ao sul pela W 35th St, ao norte pela W 40th, ao leste pela 5th Ave e ao oeste pela 9th Ave.

34 St – Penn Station A C E

www.fashioncenter.com
www.fitnyc.edu/museum

AH, VÁ! – FASHION WALK OF FAME

Para ver a importância da moda em Nova York, no Fashion District tem até uma calçada da fama como a de Hollywood, só que para os famosos "fashion". Na 7th Ave, entre a W 35th St e a W 41st St, há (até o momento) 26 nomes, como Marc Jacobs, Calvin Klein, Donna Karan... Bela jogada de marketing, convenhamos! Mas não deixa de ser uma atraçãozinha pega-turista simpática.

ACHO TUDO

A área, apesar de sujinha, é super bem localizada. Quando bate a hora de ir embora, você tá perto de tudo e com várias linhas de metrô ao seu dispor.

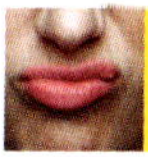

ACHO CAÍDO

O trânsito na área é de enlouquecer! Nem pense em ir de táxi.

> MILON E PANNA II

Esses são os nomes dos restaurantes indianos mais tradicionais (e sujinhos) do East Village, e eu tô recomendando os dois juntos pelos seguintes motivos: primeiro, porque eles ficam lado a lado; e, segundo, porque têm praticamente a mesma comida e a mesma decoração (supercarregada de luzinhas que caem do teto, tem que andar curvado dentro deles até se sentar, acredita?). E o momento de escolha é o atrativo real da coisa, porque os donos dos dois restaurantes ficam na porta gritando entre si e com os clientes para convencer você a entrar em um deles até a palavra final. Prepare o tampão de ouvido!

East Village: 93 1st Ave, entre E 5th St e E 6th St (Milon: 212-228-4896 – Panna II: 212-598-4610).

2 Av F

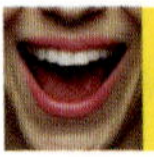

ACHO TUDO

Essa "briga" dos restaurantes existe desde 1900 e bolinhas (mesmo!), mas os dois seguem ali. Um exemplo saudável do espírito competitivo americano.

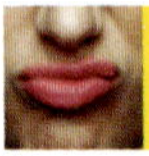

ACHO CAÍDO

Os pratos são muito condimentados e isso na maioria das vezes quer dizer PIMENTA na certa. Não se esqueça de checar 20 vezes com o garçom se o prato que você pediu não é muito "spicy", como eles dizem aqui. E nem um, nem outro aceita cartão de crédito.

AH, VÁ – POR QUE PAPAYA???
É tudo "culpa" de um suco de mamão (papaya, claro!), marca registrada da Papaya King, antes mesmo de eles venderem cachorro-quente (lá pelos idos de 1932).

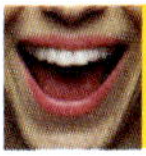

ACHO TUDO

O Gray's Papaya fica aberto 24 horas por dia, 365 dias por ano! Ou seja: sua fome ainda vai ser salva pelo hot dog de US$ 1,50 grelhado na hora.

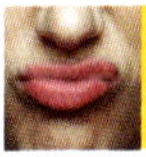

ACHO CAÍDO

Você tem que saber o que quer com a mesma velocidade em que os sanduíches ficam prontos. Os atendentes parecem estar sempre numa corrida contra o relógio, mesmo quando não tem fila no balcão. Chega a ser engraçado! Essa pressa faz parte da experiência de comer um hot dog em Nova York.

> PAPAYA KING E GRAY'S PAPAYA

Os alemães que me desculpem, mas cachorro-quente é uma instituição nova-iorquina. Os famosos hot dogs fazem parte do dia a dia da cidade. Dá para comprá-los sem medo em qualquer carrinho de rua (eu adoro as salsichas Hebrew National). Mas existe um tipo de restaurante "de rua" (é aberto para a calçada, não tem mesas, só balcão) que só vende hot dogs. Os mais famosos são o Papaya King e o Gray's Papaya. Todo nova-iorquino associa os dois nomes a um hot dog de qualidade nas ruas da cidade – ainda que nenhum dos dois seja realmente um exemplo de assepsia e limpeza nas suas instalações, hahahaha!

PAPAYA KING: UES: *179 E 86th St, esquina com 3rd Ave (212-369-0648).*

86 St 4 5 6

www.papayaking.com

GRAY'S PAPAYA: Midtown: *539 8th Ave, esquina com W 37th St ou* West Village: *402 6th Ave, esquina com W 8th St e também no* UWS: *2090 Broadway, esquina com W 72nd St.*

> PAUL'S DABURGER JOINT

Meio com cara de botecão de estrada, decorado com neons e placas com ditados e piadinhas populares nos EUA, é aqui que você vai encontrar um dos hambúrgueres mais suculentos de Downtown, sério! A carne vem molhadinha e o sanduíche vem transbordando de tanto recheio (tem trocentos tipos de ingredientes que você pode acrescentar). Só preste atenção que eles não aceitam cartão de crédito, ou seja, leve dinheiro vivo.

East Village: *131 2nd Ave, entre E 7th St e Saint Mark's Place (212-529-3033).*

Astor Place 6

www.paulsburgers.com

SAINT MARK'S PLACE

A SAINT MARK'S PLACE É UM ÍCONE DA NOVA YORK SUJINHA, REDUTO DOS PUNKS QUE SOBRARAM NA CIDADE. ALÉM DE ÓTIMOS RESTAURANTES, TEM UMA SÉRIE DE BARRAQUINHAS (ENTRE A 2ND AVE E A 3RD AVE) QUE VENDEM ÓCULOS ESCUROS INCRÍVEIS A PREÇO DE BANANA. DUVIDO VOCÊ PASSAR POR LÁ E NÃO LEVAR AO MENOS UM PAR...

ACHO TUDO

O hamburgão de plástico de quase dois metros de altura que fica na calçada do restaurante. Assim não tem como errar o endereço.

ACHO CAÍDO

O pote de picles que eles deixam na mesa. Eu não ia me incomodar se estivesse na geladeira...

ACHO TUDO

A área do porão que vende bandanas para lutar kung fu, preservando o legado do Bruce Lee, hahaha!

ACHO CAÍDO

Apesar de ser uma loja tipicamente chinesa, não fica em Chinatown. Perde um pouco a autenticidade.

> PEARL RIVER MART

Passeio incrível para quem quer se aventurar pelo mundo do consumo dos chineses. É como uma loja de departamentos, mas só de artigos chineses. E tem de tudo mesmo: de gengibre cristalizado e lanterna a utensílios para cozinha, ervas medicinais e plantas típicas. Uma coisa meio compras, meio passeio turístico pelas peculiaridades culturais do Oriente.

Soho: *477 Broadway, entre Grand St e Broome St (212-431-4770).*

Spring St 6

www.pearlriver.com

> TENEMENT MUSEUM

"Tenement" é mais ou menos o que a gente chama de cortiço no Brasil. Eles foram a moradia típica dos imigrantes que vieram para cá entre o fim do século 19 e o começo do 20. Para preservar essa parte da história da cidade, a prefeitura tombou um desses prédios no Lower East – onde viveram, entre 1863 e 1935, mais de sete mil pessoas vindas de 20 países diferentes. Dentro, eles recriaram os apartamentos para você ver como se vivia naquela época. Um trabalho impecável de restauração e museologia.

LES: *103 Orchard St, entre Broome St e Delancey St (212-982-8420).*

Delancey St F M J Z

@tenementmuseum

www.tenement.org

ACHO TUDO

A riqueza de detalhes na reconstituição dos fatos. Tem até canequinha de café que realmente pertenceu ao morador do apartamento.

ACHO CAÍDO

Tem partes do prédio que só dá para ver de fora. Fica um gostinho de quero mais, mas fazer o quê?

ACHO TUDO

A loja online faz entregas internacionais. Uma boa opção para as consumidoras mais tímidas.

ACHO CAÍDO

Não tem como saber de onde vem o cabelo comprado. Aflição!

> WIGS AND PLUS

Olha, eu nunca me arrisquei pelo mundo do cabelo artificial (nem mega hair eu usei, tá? :P), mas esta loja de perucas é uma loucura, dá vontade de sair usando por aí... Tem de tudo quanto é cor, corte e, coisa boa, dizem que até Susan Sarandon e Donatella Versace fizeram comprinhas por lá. Também tem extensão de cabelo, pedaços de cabelo humano (eeeeewwww) e os acessórios necessários para você colocar isso na cabeça (a colinha especial, o pente etc.). Praticamente um museu da montação!

Midtown: 49 W 14th St, entre 5th Ave e 6th Ave (212-675-4129).

Union Sq 4 5 6 N Q R L

www.wigsandplus.com

BRECHÓS

Um mergulho nos brechós de Nova York é indispensável e vale super a pena, porque os achados são absurdos. Mas para você não ficar batendo perna à toa e caindo em armadilha, aqui vai a minha lista dos melhores:

AMARCORD VINTAGE FASHION

Soho: *252 Lafayette St, entre Prince St e Spring St (212-431-4161) ou* Williamsburg: *223 Bedford Ave, entre N 4th St e N 5th St (718-963-4001).*

@amarcordvintage

www.amarcordvintagefashion.com

BEACON'S CLOSET

West Village: *10 W 13th St, entre 5th Ave e 6th Ave (917-261-4863) ou* Williamsburg: *88 N 11th St (718-486-0816).*

@beaconscloset

www.beaconscloset.com

RESURRECTION VINTAGE CLOTHING

Nolita: *217 Mott St, entre Prince St e Spring St (212-625-1374).*

www.resurrectionvintage.com

WHAT GOES AROUND COMES AROUND

Soho: *351 W Broadway, entre Broome St e Grand St (212-343-1225).*

@WGACANY

www.whatgoesaroundnyc.com

WHAT GOES
AROUND COMES
AROUND

SHOP 'TILL YOU DROP

COMO DIZEM POR AQUI, "COMPRE ATÉ SE ACABAR". OK, OK, NOVA YORK TEM MUSEUS INCRÍVEIS, SHOWS IMPERDÍVEIS, LUGARES ÓTIMOS PARA COMER, SAIR, MIL COISAS ROLANDO, MAS VAMOS SER SINCEROS: A GENTE QUER COMPRAR TAMBÉM, NÉ? QUANDO CHEGUEI, FOI UM DESLUMBRE SÓ: É TANTA COISA E TÃO BEM EMBALADA QUE A GENTE VIVE CAINDO EM TENTAÇÃO... E BEIRANDO O DESPENHADEIRO DA FALÊNCIA, KKKK. PARA VOCÊ NÃO PASSAR NEM POR UM, NEM POR OUTRO, FIQUEI PENANDO PARA CONDENSAR O MUNDO MARAVILHOSO DAS COMPRAS QUE É ESTE LUGAR. AGORA É COM VOCÊ: PEGA ESSA CARTEIRA E VAI GASTAR!

> FASHION

Os nomes mais importantes da moda estão aqui. Segue o meu best of:

ALEXANDER WANG

Soho: *103 Grand St, esquina com Mercer St.*
@AlexanderWangNY
www.alexanderwang.com

Queridinho da cena fashion local, faz uma moda chique-despojada, com apelo "downtown" (e precinhos "uptown", of course!). Despontou em 2007 e não parou mais.

ALL SAINTS

Soho: *512 Broadway, entre Spring St e Broome St ou MePa: 411-417 W 13th St, entre 9th Ave e Washington St.*
*@AllSaints_*
www.allsaints.com

Ícone do prêt-à-porter britânico, também tem loja em Nova York. Espere encontrar pitadinhas de "punk" (tô usando o termo de maneira beeeem aberta aqui, tá?) para camisetas, camisas e vestidos no clássico triunvirato cinza – preto – branco. Aproveite para ver a linha infantil, que segue o mesmo padrão.

BALENCIAGA

Chelsea: *542 W 22nd St, entre 10th Ave e 11th Ave.*
www.balenciaga.com

Não se deixe intimidar pelo ambiente meio sisudo, o atendimento metido e as roupas carésimas (fora da real). O projeto é lindo, vale ver!

COMME DES GARÇONS

Chelsea: *520 W 22nd St, entre 10th Ave e 11th Ave.*
www.comme-des-garcons.com

Na mesma localização da Balenciaga. Meus comentários sobre ela? Os mesmos também. ;-)

J.CREW MEN'S STORE

Tribeca: *235 W Broadway, esquina com White St e outros quatro endereços.*
@JCrew_Insider
www.jcrew.com

A primeira butique "men's only" da marca abriu em Tribeca, onde existia antes uma loja de bebidas alcoólicas – por isso deram a ela o nome J.Crew Men's Liquor Store. Esta é a mais charmosa de todas, mas os outros pontos de venda masculinos da J.Crew também mantêm o clima escurinho e as roupas com cara de "worn-out" (ou usadinhas). 100% style.

JOHN VARVATOS AT CBGB

East Village: *315 Bowery, entre E 1st St e E 2nd St.*
@johnvarvatos
www.johnvarvatos.com

Revoltas à parte com o destino insólito que levou o CBGB, a loja é bacana, reverencia o rock (ainda que seja para vender mais camisetas e jeans) e tem personalidade.

LISA PERRY

UES: *976 Madison Ave, entre E 76th St e E 77th St.*
www.lisaperrystyle.com

Loja com climão pop-art/sixties, que se traduz em almofadas de vinil coloridas; ou com os dizeres "Love", "Peace", "Happy". Não deixe de ver os vestidos estilo Paco Rabanne, em trapézio, com cores flúor. Lin-dos!

LONGCHAMP

Soho: *132 Spring St, entre Greene St e Wooster St* ou UES: *713 Madison Ave, entre E 63rd e E 64th St.*
@Longchamp_US
www.longchamp.com

Para dar uma bombada na sua aura tradicional, a grife francesa chamou a Kate Moss para estrelar campanha, o Jeremy Scott para repaginar modelo de bolsa e fez essa flagship absurda no Soho. Tem tudo deles lá, em um espaço de três andares com cara de filme sci-fi retrozinho. E couro do bom e do melhor, of course.

MAISON MARTIN MARGIELA

West Village: *803 Greenwich St, entre W 12th St e Jane St.*
www.maisonmartinmargiela.com

O Margiela é um dos nomes mais avant-garde que saíram da cena de estilistas da Bélgica. A Lady Gaga ama. Então, já dá para imaginar um pouco as roupas que você vai encontrar. Ame ou odeie, tem que conhecer a moda e a loja.

PATRICIA FIELD

East Village: *306 Bowery, entre E Houston St e Bleecker St.*
@Pat_Field
www.patriciafield.com

Estilista, figurinista e outras loucurinhas mais, Patricia caiu nas graças dos nova-iorquinos depois que o Sex and the City a chamou para fazer o figurino de Carrie Bradshaw (alter ego de Sarah Jessica Parker). Aliás, levou até Emmy pelo trabalho. Bem, a loja tem quase tudo o que ela já fez na vida (de roupas) e até salão de cabeleireiro.

PHILLIP LIM

Soho: *115 Mercer St, entre Spring St e Prince St.*
www.31philliplim.com

O Phillip foi crescendo na cena lojas de departamento de luxo, mas graças a Deus abriu sua loja própria. Eu adoro, principalmente o acabamento das peças, cheio de detalhezinhos-surpresa que fazem toda a diferença na hora de montar o look.

PRADA

Soho: *575 Broadway, esquina com Prince St ou* UES: *841 Madison Ave, esquina com E 70th St ou* Midtown: *724 5th Ave, entre W 56th St e W 57th St ou 45 E 57th St, entre Park Ave e Madison Ave.*
www.prada.com

Mais de 2.000 metros quadrados no coração do Soho, espaço projetado pelo superarquiteto Rem Koolhass, com provadores hi-tech. Nem precisa se importar com as cifras astronômicas que as peças atingem. Visite a loja como se você estivesse num centro de arte contemporânea.

RALPH LAUREN

UES: *867 Madison Ave, entre E 71st St e E 72nd St (for him) e 888 Madison Ave, esquina com E 72nd St (for her and for home).*
www.ralphlauren.com

Luxo, poder e riqueza em quatro andares – essa é para você ver como os ricos americanos do começo do século 20 viviam no Upper East Side (a loja está dentro de uma mansão da época). Ah, e como os do século 21 se vestem agora.

ROGAN

Noho: *330 Bowery, esquina com Bond St.*
www.rogannyc.com

Superligado em ecologia, tudo (ou quase tudo) que o Rogan faz é ecologicamente correto. Sabe a grife Edun, do Bono (do U2) e da ativista Ali Hewson, sua mulher? Ele foi designer da marca. O tecido usado para as roupas é de algodão peruano (sustentável, blablablá). Mas não pense em nada com cara de natureza, porque ele é supermoderno, artsy e tal. Te confundi? Vá lá ver então. É bem legal, garanto! ;-)

FAST FASHION

A gente quer se vestir bem... comer bem... sair bem... haja orçamento, não? Essas lojas ajudam você a estar fantástica sem ter que vender a mãe por causa disso.

H&M

Midtown: *640 5th Ave, entre W 51st St e W 52nd St.*
@hmusa
www.hm.com

Tudo o que você vê nas lojas caras, vai encontrar em versão mais barata (muuuuito mais barata) na H&M. Claro que isso também se reflete na qualidade dos tecidos e dos cortes, mas rasgou, compra outra. H&M é assim de barato, juro! Os acessórios (colares, faixas de cabelo, meias etc.) valem super a pena para dar aquela mudada no visual. São dez H&M em Manhattan e o endereço acima é da flagship.

TOPSHOP

Soho: *478 Broadway, entre Grand St e Broome St.*
www.topshop.com

Assim como a H&M, essa também está de olho no que os designers estão fazendo. É mais chiquezinha (e, portanto, mais carinha). A rede inglesa chegou por aqui e conquistou a todos. Tanto a moda feminina quanto a masculina são muito bacanas – e tem aquela pegada "edgy" londrina que faz toda a diferença.

UNIQLO

Soho: *546 Broadway, entre Spring St e Prince St ou* Midtown: *666 5th Ave, esquina com W 53rd St e 31 W 34th St, entre 5th Ave e 6th Ave.*
@UniqloUSA
www.uniqlo.com

A Uniqlo é a versão japa das duas anteriores. Então tem um toque maior de japanese pop. No inverno, eles lançam malhas de cashmere de todas as cores do arco-íris, em váaaarios modelos, a preços bem módicos. A linha Heat Tech, de blusas e leggings com tecido tecnológico que esquentam (para usar embaixo da roupa), também é o máximo. Fique de olho nas araras de liquidação, porque eles abaixam bem o preço das coisas nessas ocasiões.

STELLA MCCARTNEY

Soho: 112 Greene St, entre Spring St e Prince St.
@StellaMcCartney
www.stellamccartney.com

Adoro o corte, supermoderno. E os sapatos. E as bolsas. E a loja. O projeto é muito lindo! Ela também é super da turma do PETA, então pode comprar e dormir tranquila. Com a ecologia, né? Já com o cartão de crédito...

Y-3

MePa: 317 W 13th St, entre W 4th St e Gansevoort St ou Soho: 92 Greene St, entre Spring St e Prince St.
@adidasY3
www.y-3store.com

Yohji Yamamoto é um dos mestres da moda nipônica e suas peças "cerebrais" encontram um tom mais acessível na Y-3, em parceria com a Adidas. Uma coisa meio "é moderno mas eu posso usar", ou seja, as peças todas têm um conceitinho e ao mesmo tempo funcionam superbem no dia a dia, especialmente nos looks esportivos.

> MULTIMARCAS

Nada melhor do que uma loja que já faz uma pré-seleção de tudo o que está rolando para economizar nosso tempo, ainda mais em viagem. Estas eu super recomendo:

ANTHROPOLOGIE

Midtown: 50 Rockefeller Plaza - W 50th St ou 85 5th Ave, entre W 16th St e W 17th St.
No Soho: 375 W Broadway, entre Spring St e Broome St ou Chelsea: Chelsea Market.
@Anthropologie
www.anthropologie.com

A moda (naquela linha boho, meio "brechó de mentira") é fofa, se bem que eu gosto mais da seleção de objetos para casa do que das roupas em si. Mas sei que tem muita gente que se identifica com os looks da loja, então vale a pena você checar por si mesmo. Tem várias na cidade, a maior e mais completa é a do Rockefeller Center.

INTERMIX

West Village: 365 Bleecker St, esquina com Charles St. No Soho: 98 Prince St, entre Mercer St e Greene St. Em Midtown: 125

5th Ave, entre E 19th St e E 20th St. No UWS: *210 Columbus Ave, entre W 69th St e W 70th St.* No UES: *1003 Madison Ave, entre E 77th St e E 78th St.*
@INTERMIX
www.intermixonline.com

Vende desde marcas menos conhecidas (no Brasil) até nomes consagrados como Diane von Fustenberg, Chloé e Helmut Lang. Mas os estoques são pequenos, então, se gostou, compre!

JEFFREY

MePa: *449 W 14th St, entre 9th Ave e 10th Ave.*
www.jeffreynewyork.com

Tudo carésimo, no nível do impagável. Mas a seleção de marcas, tanto de roupas como de acessórios, é incrível – Prada, Michael Kors, DSquared² e por aí vai!

KIRNA ZABETE

Soho: *96 Greene St, entre Spring St e Prince St.*
@KirnaZabete
www.kirnazabete.com

Mix esperto de marcas, representante exclusiva de vários nomões (e nominhos) em Downtown. Por exemplo, Azzedine Alaïa e Balmain, lá você vai achar. E a seleção de designers menos famosos segue o conceito dos mais. Também é boa para acessórios.

OAK

Noho: *28 Bond St, entre Bowery e Lafayette St.*
@OAKNYC
www.oaknyc.com

Esta trouxe um pouquinho mais do Brooklyn style para Manhattan. A multimarcas começou em Williamsburg (onde ainda tem loja) e conquistou o povo da ilha com um grupo de designers modernos. Eles às vezes compram uma só peça de uma marca, tudo para manter esse conceito. Também tem linha própria.

OPENING CEREMONY

Soho: *33-35 Howard St entre Crosby St e Broadway.*
@openingceremony
www.openingceremony.us

A-m-o com todas as forças! Não só porque têm nomes-tudo da moda local (Alexander Wang e Zac Posen) e nomes ainda mais mega (Comme des

Garçons, Proenza Schouler), como também fazem linhas próprias, solo e em parcerias. A última que vi foi feita com a Disney e inspirada no filme TRON! No subterrâneo, pode chafurdar a cara no montão de roupas, os descontões são bons e há achados incríveis. Uma versão micro da loja abriu há pouco no Ace Hotel.

SCOOP

Soho: *473-475 Broadway, entre Grand St e Broome St ou* MePa: *430 W 14th St, esquina com Washington St e também no* UES: *1273-1277 3rd Ave, entre E 73rd St e E 74th St.*
@SCOOPNYC
www.scoopnyc.com

Esta é multi mesmo. São mais de 100 designers representados por eles. O atendimento é, em geral, por meninas que são ou foram figurinistas e têm um certo olhar que pode ajudar na hora de decidir entre uma peça e outra.

STEVEN ALAN

Tribeca: *103 Franklin St, entre Church St e W Broadway ou* West Village: *69 8th Ave, entre W 13th St e W 14th St ou* Nolita: *229 Elizabeth St, esquina com a Prince St e também no* UWS: *465 Amsterdam Ave, entre W 82nd St e W 83rd St.*
@Steven_Alan
www.stevenalan.com

Super New Yorker, o Steven inventa o próprio xadrez, com combinações lindas de cor, e faz as camisas (femininas e masculinas) em cortes diferentes – você escolhe o que melhor se encaixa no seu corpo. E ele vende também outras marcas, num mix que segue esse conceito.

URBAN OUTFITTERS

Soho: *628 Broadway, entre W Houston St e Bleecker St e mais oito endereços.*
@UrbanOutfitters
www.urbanoutfitters.com

A Urban Outfitters é mais que uma multimarcas, é um parque de diversões. Digo isso porque o toque "fun" das marcas que eles escolhem fica mais atraente ao lado de toda a parafernália à venda ali dentro – livros curiosos, artigos de casa e bobagens tipo edições de "Onde Está Wally?", que, aliás, aqui é Waldo, caso você tenha se interessado, hehehe.

> GADGETS

Gadget é tudo aquilo que você não precisa, mas vai amar ter. Em bom português; cacareco, tranqueira, badulaque. Especialidade dos americanos que a gente adora.

DIJITAL FIX

Williamsburg: *218 Bedford Ave, esquina com N 5th St.*
@dijitalfix
www.dijitalfix.com

No coração de Williamsburg, a loja vende gadgets retrô (originais e réplicas), como fones de ouvido, caixinhas de som, vitrolas. A loja é queridinha dos vizinhos descolados e mais ainda dos artistas endinheirados que podem pagar os preços de antiguidade de alguns dos artigos. (Ah! Não foi a gente que errou não. O nome é com "j" mesmo, viu?!)

E.A.T. GIFTS

UES: *1062 Madison Ave, entre E 80th St e E 81st St.*
www.elizabar.com

A loja, que fica bem ao lado do restaurante de mesmo nome, vende um monte de tranqueiras, como guardanapos com frases célebres, cadernos para listar ex-maridos (ou ex-mulheres), brinquedos, balas, coisas temáticas de feriados (Halloween, Thanksgiving, Natal...), porta-copos com piadas etc. Haja criatividade.

HAMMACHER SCHLEMMER

Midtown: *147 E 57th St, entre 3rd Ave e Lexington Ave.*
@Hammacher
www.hammacher.com

Loja com os artigos mais absurdos possíveis, tipo voice activated RTD2 (sabe o robô do Star Wars, né?), controle remoto em forma de varinha mágica (acionado pelo movimento), máquina de algodão doce caseira etc.! Sensacional!

> ESPECIARIAS

Calma, que não é um guia de temperos exóticos, não!!! Tô falando de coisas bem específicas, que só em Nova York você vai encontrar. A elas...

ART OF SHAVING

Midtown: *373 Madison Ave, entre E 45th St e E 46th St ou 520 Madison Ave, entre E 53rd St e E 54th St.*
@TheArtofShaving
www.theartofshaving.com

Já imaginou uma loja dedicada exclusivamente à arte de se barbear? É esta aqui. Se o namorado tá nervoso e precisando de um agradinho, manda para lá. Pelo menos barbeadinho e mais cheiroso ele vai voltar, pode ter certeza. Fora as duas na Madison, tem também uma dentro da Bloomingdales.

BABELAND

LES: *94 Rivington St, entre Ludlow St e Orchard St ou*
Soho: *43 Mercer St, entre Grand St e Broome St.*
@Babeland_NYC
www.babeland.com

Se você está precisando de uma apimentadinha na coisa em casa e acha todos esses sex shops a coisa mais vulgar do planeta, vá lá que você vai mudar seus conceitos. A loja é uma graça, tem livrinhos, brinquedos etc., além de vendedoras prontas para aconselhar e dar dicas. Ah, sigilosas, que fique claro.

BED BATH AND BEYOND

Tribeca: *270 Greenwich St, entre Warren St e Murray St ou* Chelsea: *620 6th Ave, entre W 18th St e W 19th St ou* UWS: *1932 Broadway, esquina com W 65th St e também no* UES: *410 E 61st St, esquina com 1st Ave.*
www.bedbathandbeyond.com

Como o nome sugere, um templo voltado à cama, mesa e tudo para casa que vá além disso. O bom é que eles mudam a seleção de produtos de acordo com as estações do ano. Pena que são as deles, e não as nossas, no Hemisfério Sul. Mas, bem, pelo preço, super em conta comparado com esse tipo de loja no Brasil. Vale a pena comprar e estocar.

CONTAINER STORE

UES: *725 Lexington Ave, esquina com E 58th St e em* Midtown: *629 6th Ave, entre W 18th St e W 19th St.*
@ContainerStore
www.containerstore.com

A-m-o! Tem tudo para organizar a vida, na cozinha, escritório, banheiro e lavanderia. Caixas de tudo quanto é tamanho, material e formato, para você "conter" todos os seus objetos, cacarecos e afins.

DYLAN'S CANDY BAR

UES: *1001 3rd Ave, esquina com E 60th St.*
@DylansCandyBar
www.dylanscandybar.com

É a maior loja de doces do mundo, mais de cinco mil tipos. É como a casa do "João e Maria", hahaha! Tem de tudo dentro dos 1.000 metros quadrados que eles ocupam: bolo, pirulito, bala, chocolate – doce, azedo, mole, duro, colorido, transparente... uma perdição!

EVOLUTION STORE

Soho: *120 Spring St, entre Mercer St e Greene St.*
@TheEvolutionNYC
www.theevolutionstore.com

Se Darwin tivesse uma loja, seria a Evolution: um templo de bizarrices absurdinhas, como fósseis, animais empalhados, caveiras (verdadeiras e réplicas), insetos emoldurados e afins. Eles também alugam tudo isso, então periga você já ter visto muita coisa deles em filmes e seriados de TV por aí.

HALCYON RECORDS

Dumbo: *57 Pearl St, esquina com Water St.*
@halcyon_nyc
www.halcyonline.com

Loja todinha de discos em Dumbo, bom pretexto para atravessar a ponte. Não só pelas raridades, mas também porque eles fazem eventos para mostrar o que têm, com DJs tocando e tal.

KATE'S PAPERIE

Soho: *435 Broome St, entre Broadway e Crosby St.*
@Kates_Paperie
www.katespaperie.com

Papelaria dos sonhos, com mais de 4.000 tipos de papéis e outros tantos (milhares) de fitinhas. Produtos para todas as situações, da pré-escola ao mestrado, ou simplesmente um acabamento de primeira quando você quer presentear alguém especial.

PAPYRUS

Soho: *73 Spring St, entre Lafayette St e Crosby St.*
@Papyrus_Online
www.papyrusonline.com

Esta é outra papelaria (bem, são 16 delas em Manhattan), com pencas de itens fofos. Mas o que eu mais gosto são os cartões. Seja de aniversário, casamento, formatura: lindos e superoriginais.

PRETTY BALLERINAS

UES: *1034 Lexington Ave, entre E 73rd St e E 74th St e 27 E 67th St, esquina com Madison Ave.*
@PBallerinas
www.prettyballerinas.us

Imagine uma loja que só vende sapatilhas. Não estou falando daquelas para balé, e sim de sapatos baixos, que imitam as sapatilhas de dança e estão nos closets de todas as garotas fashion que se prezem... Tem inclusive algumas bem maluquinhas, que eu adoro! E para você se sentir uma diva, mesmo sem salto, os nomes dos modelos sempre homenageiam grandes atrizes do cinema... Tem a Marilyn, a Grace, a Greta. A empresa é espanhola e existe há 90 anos – e alguns modelos de sapatilhas são os mesmos desde então!

REBEL REBEL

West Village: *319 Bleecker St, entre Grove St e Christopher St.*

Loja de discos que ainda resiste no Village, superprocurada pelos DJs locais. Os meninos que trabalham ali sabem um monte, especialmente de novidades das pistas. Vá lá consultar e curta a página deles no Facebook.

TENDER BUTTONS

UES: *143 E 62nd St, entre 3rd Ave e Lexington Ave.*
www.tenderbuttons-nyc.com

Em vez de loja, parece mais um museu de botões, de todos os tipos e épocas que você possa imaginar. É pitoresco! Os donos juram que você consegue mudar a cara de uma roupa só trocando os botões. Pela seleção, dá vontade de fazer o teste.

WILLIAMS SONOMA

UWS: *No Time Warner Center – 10 Columbus Circle ou* Chelsea: *110 7th Ave, entre W 16th St e W 17th St ou* UES: *121 E 59th St, entre Lexington Ave e Park Ave ou 1175 Madison Ave, esquina com E 86th St.*
@WilliamsSonoma
www.williams-sonoma.com

Esta loja faz pensar se lugar de mulher não é mesmo na cozinha. De mulher, de homem e de todo mundo que gosta de preparar a comida com um monte de acessórios úteis e outros nem tanto. Nada como uma boa frescurinha de vez em quando, né?

> QUEM CASA QUER DESIGN

A melhor parte do casamento é montar a casa, né? Aqui vão minhas dicas para o ninho do amor ficar mais aconchegante e impactante. E para você, solteiro(a) convicto(a), ajeitar o cafofo para a próxima conquista, hehehe!

ABC CARPET & HOME

Midtown: *888-881 Broadway, esquina com E 19th St.*
@abchome
www.abchome.com

Produtos para a casa em seis andares, com foco em tapetes – antigos, modernos, feitos à mão, do Nepal, da Turquia... Tem "de um tudo". Dá para marcar antes por telefone um horário com um dos vendedores – o que eu aconselho, assim o giro fica mais focado.

CB2

Soho: *451 Broadway, entre Grand St e Canal St ou* UES: *979 3rd Ave, esquina com E 58th St.*
@CB2soho
www.cb2.com

Dos mesmos donos da Crate&Barrel. Vende móveis e acessórios para casa, mas com uma pegada mais moderninha, contemporânea.

CRATE&BARREL

Soho: *611 Broadway, esquina com W Houston St ou* UES: *650 Madison Ave, esquina com E 59th St.*
@CBSoHo
@CBMadisonAve
www.crateandbarrel.com

Uma coisa "design para as massas", do pote de açúcar ao sofá – especialmente em junho e na semana pós-Natal, quando artigos selecionados caem de preço, no mínimo, em 20%.

C. WONDER

Soho: 72 Spring St, esquina com Crosby St ou UWS: Shops at Columbus Circle.
@cwonderstore
www.cwonder.com

Imagine uma loja que tem tudo o que as mulheres mais gostam. Roupas, joias, acessórios, sapatos, bolsas e, como se não bastasse, uma sessão incrível de artigos de decoração. A C. Wonder é criativa e colorida e sua casa vai ficar mais alegre com os enfeites e detalhes deles.

DESIGN WITHIN REACH

UES: 27 E 62nd St, entre Park Ave e Madison Ave ou UWS: 341 Columbus Ave, esquina com W 76th St ou Midtown: 903 Broadway, esquina com E 20th St ou MePa: 408 W 14th St, entre 9th Ave e 10th Ave.
@DWR_Tweets
www.dwr.com

A tradução já explica o conceito: design ao seu alcance. A proposta deles é vender peças de grandes nomes do design – Verner Panton, Harry Bertoia, Eero Saarinen – a preços acessíveis. Claro que tudo é relativo na vida, portanto, qualquer item aqui é mais caro do que na Crate&Barrel. Vai abrir loja nova na Greene St, no Soho.

GAGOSIAN GALLERY SHOP

Chelsea: 555 W 24th St, entre 10th Ave e 11th Ave ou UES: 980 Madison Ave, entre E 76th St e E 77th St.
@Gagosian
www.gagosian.com

Já adianto que não dá para comprar nada, além dos livros, porque todo o resto é caro demais. Dos vendedores, espere aquela atitude arrogante-insuportável. Mas vale pela curadoria. Eles vendem peças de arte numeradas de Damien Hirst, Jeff Koons e outros artistas representados pela galeria de mesmo nome.

INGO MAURER

Soho: 89 Grand St, esquina com Greene St.
www.ingo-maurer.com

Literalmente, um "gênio da lâmpada". Cria as luminárias mais originais da atualidade. Caras, sim, mas cheias de bossa.

JOHN DERIAN

East Village: *10 E 2nd St, entre 2nd Ave e Bowery.*
www.johnderian.com

Conhecido por seu trabalho de decupagem, faz pratos e enfeites de vidro lindos, com estampas diferenciadas, criativas e com um bom gosto que beira ao kitsch – por isso é tão interessante. Também tem uma seleção bacana de objetos de decoração e, na loja ao lado, você encontra tecidos, colchas e tapeçarias que "ornam" perfeitamente.

JONATHAN ADLER

UES: *1097 Madison Ave, esquina com E 83rd St ou* UWS: *304 Columbus Ave, entre W 74th St e W 75th St e também no* Soho: *47 Greene St, entre Grand St e Broome St.*
@jonathanadler
www.jonathanadler.com

O rei do design "feliz" (ou seja, colorido, geométrico, kitsch). Também tem almofadas de tapeçaria incríveis. Aliás, ele (o Jonathan) é namorado do Simon Doonan, o todo-poderoso da Barneys, sabia?

LUMAS

Soho: *362 West Broadway, entre Broome St e Grand St.*
www.lumas.com

Veja bem, a Lumas não é uma galeria de arte e sim uma loja de arte. A proposta deles é oferecer fotos – de nomes novos a consagrados – a preços acessíveis para os art lovers. Tem de tudo: imagens de moda, de paisagem, abstratas, em cores ou P&B – todas devidamente assinadas pelos artistas. Como cada imagem tem uma reprodução de 75 a 150 cópias, o preço é mais acessível e você enfeita sua parede com uma verdadeira obra de arte.

MOMA DESIGN STORE

Midtown: *11 W 53rd St, entre 5th Ave e 6th Ave ou* Soho: *81 Spring St, entre Crosby St e Broadway.*
www.momastore.org

Catálogos das exposições do museu, publicações sobre arte, arquitetura e moda e produtinhos superdivertidos de diferentes designers fazem da loja do MoMA um passeio à parte. Se jogue!

MUJI

Midtown: *New York Times Building – 620 8th Ave, esquina com W 40th St ou*
Soho: *455 Broadway, entre Howard St e Grand St ou*
Chelsea: *16 W 19th St, entre 5th Ave e 6th Ave.*
@mujiusa
www.muji.us

Marca japonesa especializada em papelaria, acessórios para casa e móveis – tudo com o look zen-minimalista e dentro da filosofia "no-logo" – ou seja, nenhum produto tem sua marca estampada.

RESTORATION HARDWARE

Midtown: *935 Broadway, esquina com E 22nd St.*
www.restorationhardware.com

Não se deixe enganar pelo nome, esta não é uma loja de ferramentas, hehehe! Sim, eles vendem hardware – tipo penduradores, maçanetas e puxadores –, mas também são os reis da cama-mesa-e-banho de qualidade. Uma cama com os lençóis daqui é meio caminho andado para uma noite bem dormida!

WEST ELM

UWS: *1870 Broadway, entre W 61st St e W 62nd St ou* Chelsea: *112 W 18th St, entre 6th Ave e 7th Ave ou* Dumbo: *75 Front St, entre Washington St e Main St.*
@westelm
www.westelm.com

Artigos moderninhos para casa, muitos com visual orgânico (palha, bambu etc.) e precinho amigo. Eles também têm lofts inteiros montados dentro da loja, decorados com os produtos à venda. Uma coisa meio "visite o apartamento decorado" de lançamento imobiliário, só que com mais bom gosto.

WILLIAM WAYNE & CO.

UES: *846 Lexington Ave, entre E 64th St e E 65th St.*
www.william-wayne.com

Loja de decoração com inspiração inglesa onde gosto de comprar presentes. Com objetos diferenciados (facas de queijo com cabo de osso, porta-copos de espelho, copos antigos, cachepôs etc.), eles fazem pacotes lindos, coisa difícil de se conseguir nas lojas de departamento, por exemplo.

YELLOW KORNER

Soho: *100 Wooster St, entre Spring St e Prince St.*
www.yellowkorner.com

Assim como a Lumas, a ideia da Yellow Korner é dar a chance de você começar uma coleção de arte sem gastar os tubos. Eles explicam que conseguem isso porque "ao invés de vender 10 impressões a US$ 5.000, vendem 100 impressões a US$ 500 cada". Tem desde fotos de Hollywood dos anos 1950, clicadas por nomes importantões, até trabalhos de fotógrafos superatuais.

> DEPARTMENT STORES

Visitá-las é um clássico nova-iorquino. E um passatempo que pode tomar um dia inteiro. Aqui, a lista das que valem a pena se esquecer do relógio.

BARNEYS

UES: *660 Madison Ave, esquina com E 61st St.*
@BarneysNY
www.barneys.com

Curadoria excelente (e caréssima) de marcas. Se estiver sem grana, tem de passar pelo menos no 9º andar, onde fica o restaurante Fred's. A comida é ótima e sempre tem algum famoso por lá – foi ali que eu vi o Steven Spielberg (ai, momento tiete, hahaha!).

BERGDORF GOODMAN

Midtown: *5th Ave, esquina com E 58th St.*
@Bergdorfs
www.bergdorfgoodman.com

Das department stores, a Bergdorf é a que tem a melhor área de sapatos – seleção incrível, boa variedade de marcas, tudo lindo (e caaaaaro). O 5th Floor, andar das marcas mais jovens, também merece uma visita mais demorada.

BLOOMINGDALE'S

UES: *Lexington Ave, entre E 59th St e E 60th St ou*
Soho: *504 Broadway, entre Broome St e Spring St – versão bem menor da loja.*
@Bloomingdales
www.bloomingdales.com

É a loja de departamentos mais tradicional de Nova York – existe desde o século 19. Um templo do luxo, mas aberto a todos. Bem, se até a Rainha Elizabeth II já visitou, não é você quem vai deixar de visitar, né?

CENTURY 21

Downtown: *22 Cortlandt St, entre Church St e Broadway ou* UWS: *1972 Broadway, esquina com W 66th St.*
@century21stores
www.c21stores.com

Versão "loja-de-departamentos-vende-tudo" de todas as citadas anteriormente. Prepare-se para tropeçar em calças Prada, casacos Calvin Klein, tudo meio amassado, caído no chão, de coleções passadas... Bem, olhe os preços (baratésimos), que é capaz de você cair no chão desmaiada também.

SAKS FIFTH AVENUE

Midtown: *611 5th Ave, entre E 49th St e E 50th St.*
@saks
www.saksfifthave.com

Ela abriu depois da Bloomingdale's, nos anos 1920, mas está ali, pau a pau. Para fugir dos preços exorbitantes, vá ao 5° andar, que tem marcas mais acessíveis.

> LIVRARIAS

Eu sei que, na era do iPad, livro é um artigo em extinção. Mas lembre-se, apesar do peso, você não tem limite fiscal na alfândega brasileira... E nada como folhear um livro "de verdade", vai? Por essas e por outras que este guia está nas suas mãos, trazendo dicas de livrarias bacanas.

BARNES AND NOBLE

UES: *150 E 86th St, entre 3rd Ave e Lexington Ave ou*
Midtown: *33 E 17th St, entre Park Ave South e Broadway.*
@BNbuzz
www.bn.com

Além de um acervo completíssimo de livros, adoro a seção "bargain books", com preços absurdamente baixos. Outra coisa boa de pegar lá são as leituras e palestras com nomões da literatura local e internacional. A minha favorita é a da 86th St, mas a da Union Square também vale a menção. "Didica": o banheiro é super em ordem! Bom quebra-galho durante suas andanças. São oito lojas espalhadas pela ilha.

BOOK MARC

West Village: *400 Bleecker St, entre Perry St e W 14th St.*
@MarcJacobsIntl
www.marcjacobs.com

Livraria do superdesigner Marc Jacobs. Uma das coisas mais legais é que eles vendem edições especiais, autografadas, de alguns livros de arte (quando eu fui tinha um do Mario Testino autografado, vi outro com rabiscos do Richard Prince!). O valor era altíssimo, mas tudo bem, para quem gosta de exclusividade, tá valendo... E o nome da livraria não podia ser melhor, né?

MCNALLY JACKSON BOOKS

Nolita: *52 Prince St, entre Mulberry St e Lafayette St.*
@mcnallyjackson
www.mcnallyjackson.com

Seleção ótima de non-fiction books. Vários de seus autores dão pinta – e palestra – no café da livraria também. Boa parada intelectual em Nolita.

PRINTED MATTER

Chelsea: *195 10th Ave, entre W 21st St e W 22nd St.*
@PRINTED_MATTER
www.printedmatter.org

Total e exclusivamente dedicada a livros de arte, de nomes que acabaram de surgir a outros megaestrelados que nunca vão desaparecer.

RIZZOLI

Midtown: *31 W 57th St, entre 5th Ave e 6th Ave.*
@Rizzoli_Books
www.rizzoliusa.com

Loja da editora-tudo de mesmo nome, mas que também vende livros de outras editoras. O lugar tem cara de antiguinho, meio New York Public Library. Aliás, o "climão" também é de biblioteca, especialmente no quesito celular. Não pode tocar, não pode atender. Se pegar a ligação, vai receber uma boa cara feia!

SAINT MARK'S BOOK SHOP

East Village: *31 3rd Ave, entre E 9th St e E 10th St.*
www.stmarksbookshop.com

Criada nos anos 1970, mais focada em livros de arte, fotografia e afins, também é ótima para publicações independentes, como poesia e revistas locais de literatura.

SHAKESPEARE & CO.

West Village: *716 Broadway com Washington Place e outros três endereços.*
@shakespeareco
www.shakeandco.com

Colada à New York University, espere ver por lá os tipinhos intelectuais da faculdade, comprando, ou só lendo livros. É superamigável com quem precisa apenas de um cantinho mais aconchegante.

STRAND BOOKS

Midtown: *828 Broadway, esquina com E 12th St.*
@strandbookstore
www.strandbooks.com

Livraria de títulos de segunda mão sobre tudo o que você possa imaginar. As prateleiras que dão para a rua ficam lotadas de exemplares pelos quais eles cobram apenas US$ 1,00. Isso mesmo, vou até escrever por extenso: um dólar!!!

TASCHEN

Soho: *107 Greene St, entre Spring St e Prince St.*
@TASCHENStoreNY
www.taschen.com

Adoro os livros de arte deles e mais ainda os catálogos de assuntos mais alternativos no sisudo mundo das letras, como moda, quadrinhos e sexo. Por exemplo, é da Taschen o "The Penis Book" – ui, ousado! Eles frequentemente colocam vários desses títulos em liquidação na loja do Soho, fique ligado!

> BELEZA

Beleza não põe mesa, mas enche a mala, né? Então se controle e vá na minha, tô te passando um dossiê aqui que também tem meus segredos. Guarde bem e fique linda! ;-)

C.O. BIGELOW

West Village: *414 6th Ave, esquina com W 9th St.*
@COBigelowNY
www.bigelowchemists.com

Uma das farmácias de manipulação mais antigas dos EUA. Não deixe de fuçar os cosméticos e, se você curte, os remédios homeopáticos.

KIEHL'S

East Village: *109 3rd Ave, entre E 13th St e E 14th St ou* UWS: *154 Columbus Ave, entre W 66th St e W 67th St.*
@KiehlsNYC
www.kiehls.com

Focada em produtos de cabelo e pele, é um clássico nova-iorquino. Eles atendem de avental de laboratório, para mostrar que a coisa é séria. E, bem, as fórmulas são incríveis e deliciosas. Ficou na dúvida? Eles dão um monte de amostras grátis. Amo brindes!

NARS

West Village: *413 Bleecker St, entre W 11th St e Bank St.*
@NARSissist
www.narscosmetics.com

Templo da maquiagem do West Village, ao lado da loja do Marc Jacobs (com quem a marca de make colabora desde que o designer estreou na moda). A loja tem uma parede só com amostras de teste para você provar em si mesma (ou mesmo, vai saber, hehehe). Perfeito, porque chegar em casa e ver que o make não funciona é uó, né?

RICKY'S

Tribeca: *375 Broadway, entre Franklin St e White St e outros sete endereços.*
@Rickys_NYC
www.rickysnyc.com
www.rickyshalloween.com

Recomendo para quem procura artigos de beleza mais "junkie", tipo sombras de olhos com glitter, cílios postiços gigantes e coloridos etc. É também o templo das fantasias na época do Halloween. São 20 ao todo nos quatro cantos de Manhattan e a mais divertida é a que vende as fantasias o ano inteiro, que fica em Tribeca.

SEPHORA

Midtown: *Times Square – W 42nd St, esquina com 7th Ave e mais 13 endereços.*
@Sephora
www.sephora.com

Mais de 150 linhas de produtos (e no site, 250!), tudo organizado por marcas, o que facilita bastante a compra. Para as mais desesperadas, a da Times Square fecha somente à meia-noite. As outras 14 têm horários variados.

ZITOMER'S

UES: *969 Madison Ave, entre E 75th St e E 76th St.*
@Zitomer
www.zitomer.com

Em vez de ficar fuçando uma coisa em cada lugar, uma boa pedida é correr para a Zitomer's, que é uma farmácia "vende-tudo". Sério. Tem todas as marcas bacanudas – Kérastase, Klorane, Paul Mitchell, Bumble&Bumble e ainda um milhão de acessórios para cabelos, vitaminas 1000 e mais um monte de frescurinhas.

> FARMÁCIAS 24 HORAS

Duane Reade, CVS e Walgreens 24 horas – fique ligado, que muitas dessas lojas ficam abertas non-stop. Além dos itens básicos de uma farmácia, também vendem alimentos, brinquedos, itens de papelaria, cartões de aniversário e até papéis para presente. Um bom quebra-galho para compras de última hora!

CVS

@CVS_Extra
www.cvs.com

DUANE READE

@DuaneReade
www.duanereade.com

WALGREENS 24H

@Walgreens
www.walgreens.com

> ACESSÓRIOS

ALEXIS BITTAR

Soho: *465 Broome St, entre Greene St e Mercer St ou* UES: *1100 Madison Ave, entre E 82nd St e E 83rd St e também em* West Village: *353 Bleecker St, entre W 10th St e Charles St.*
@ABittarRetail
www.alexisbittar.com

O que a atriz Vanessa Redgrave e Queen Latifah poderiam ter em comum? As duas, e várias outras celebs, compram suas joias ali. Inspiração artsy, texturas inesperadas, melhor "levanta ânimos" para o look impossível.

CHRISTIAN LOUBOUTIN

UES: *965 Madison Ave, entre E 75th St e E 76th St ou* West Village: *59 Horatio St, esquina com Greenwich St.*
@LouboutinWorld
www.christianlouboutin.com

Sabe essa sola vermelha que começou a aparecer nos pezinhos de várias celebrities e depois virou febre mundo afora? É dele, do Louboutin, que entende como um salto alto levanta o astral da mulher e a libido dos homens. Tudo é caro, mas, se surte esse efeito, vale tentar, né? ;-)

FABULOUS FANNY'S

East Village: *335 E 9th St, entre 1st Ave e 2nd Ave.*
www.fabulousfannys.com

Especializada em armações de óculos (de grau e escuros), todos vintage. Mas não se deixe abater por esse comentário, porque tudo o que eles têm é antigo, mas em excelente estado. É um par de óculos mais legal que o outro. Vá sem medo!

JIMMY CHOO

Midtown: *645 5th Ave, entre E 51st St e E 52nd St ou* UES: *716 Madison Ave, E 63rd St e E 64th St ou* West Village: *416 Bleecker St, esquina com Bank St.*
@JimmyChooLtd
www.jimmychoo.com

Paraíso das sandálias de salto alto, baixo, médio... das sapatilhas, botas e escarpins. Bom, paraíso dos pisantes em geral.

THREE MONKEYS EYEWEAR

Soho: *35 Spring St, entre Mott*

St e Mulberry St.
@3MonkeysEyewear
www.3monkeyseyewear.com

Cadeia chilena que faz uma seleção bem legal de armações de óculos das grandes maisons (Prada, Paul Smith etc.), misturadas a nomes mais "edgy". Nessa linha recomendo a We Are Plastic, com armações de estampa de leopardo.

TIFFANY & CO.
Midtown: *5th Ave, esquina com E 57th St ou*
Downtown: *37 Wall St, entre William St e Broad St ou*
Soho: *97 Greene St, entre Sprint St e Prince St.*
@TiffanyAndCo
www.tiffany.com

Acredite: tudo o que reluz ali dentro é ouro, sim! Senão, é diamante. Prepare-se para se dar chicotadas, cortar as mãos, senão é capaz de você sair completamente endividada. Mas, pelo menos, maravilhosa.

UNITED NUDE
Noho: *25 Bond St, entre Bowery e Lafayette St.*
@unitednude
www.unitednude.com

TUDO! Os sapatos são impecáveis, um design mais incrível do que o outro. E o stand onde ficam os pisantes muda de cor várias vezes, parece boate.

> ABAIXO DE ZERO

Se vier para cá em época de nevascas, você pode se aquecer na beira da lareira ou nas lojas a seguir:

BURTON
Soho: *106 Spring St, esquina com Mercer St.*
@burtonsnowboard
www.burton.com

Para quem quer arrasar no snowboard, mesmo que só no estilo.

KUSMI TEA
UES: *1037 3rd Ave, entre E 61st St e E 62nd St ou* Midtown: *Food Hall do Hotel Plaza.*
@KusmiTea
www.us.kusmitea.com

Existem chás... e chás. O Kusmi Tea é para os bons apreciadores da bebida. Também, existe há 140 anos! Sabores exóticos, embalagens lindas e algumas sacadas que eu adoro, por exemplo: a linha de chás Cool (para dar uma relaxada), Detox (um blend delicioso com doses mega de antioxidantes) e Love (com especiarias que induzem os sentidos, ui!). Esquenta qualquer noite, hahaha!

MONCLER
Soho: *90 Prince St, entre Broadway e Mercer St.*
@monclerofficial
www.moncler.it

Para os mais abastados – as jaquetas forradas de pena de ganso são o "must" da marca. É comprar um casaco ali e fazer bonito em St. Moritz ou Gstaad, hahaha!

NORTH FACE
Soho: *139 Wooster St, entre Prince St e W Houston St ou* UWS: *2101 Broadway, entre W 73rd St e W 74th St.*
@thenorthface
www.thenorthface.com

Jaquetas, coletes e roupas esportivas para todas as situações gélidas.

PARAGON SPORTS
Midtown: *867 Broadway, esquina com W 18th St.*
@paragonsports
www.paragonsports.com

Tudo, mas tudo meeeesmo, para esportes.

UGG
Midtown: *600 Madison Ave, entre E 57th St e E 58th St.*
@UGGaustralia
www.uggaustralia.com

Botas forradas de pele de carneiro com visual meio esquisitão, mas você se acostuma logo. Afinal, são excelente proteção para o asfalto gélido durante o inverno, além de extremamente confortáveis.

> ELETRÔNICOS

Vamos ao que interessa: os eletrônicos, que custam o olho da cara no Brasil, aqui têm preços super em conta. Mas não vá estourar a cota da alfândega, hein?

APPLE STORE
Soho: *103 Prince St, entre Mercer St e Greene St ou* MePa: *401 W 14th St, esquina com 9th Ave ou* UWS: *1981 Broadway,*

esquina com W 67th St ou Midtown: 767 5th Ave, esquina com E 59th St (flagship) e na Grand Central Station.
www.apple.com/retail

Everything Apple! Para os viciados em Apple, a loja da 5th Ave fica aberta 24 horas por dia, todos os dias do ano. Imagina acordar no meio da madrugada com uma megavontade de comprar um iPad? Em Nova York você não passa vontade. As quatro Apple Stores da cidade são cheias de iMacs, iPads, iPods e iPhones para qualquer um experimentar, navegar, twittar, postar no blog, atualizar-se online etc. Têm Wi-Fi aberta, cursos, palestras e, claro, gente por todos os cantos.

B&H
Midtown: *420 9th Ave, entre W 33rd St e W 34th St.*
@BHPhotoVideo
www.bhphotovideo.com

Um paraíso para quem quiser encontrar câmeras fotográficas, lentes, tripés, aparelhos eletrônicos dos mais variados e gadgets incríveis a preços supercompetitivos. A loja é interessantíssima, pois os produtos vão de um lado para o outro em esteiras rolantes e a maioria dos vendedores são judeus ortodoxos. Por causa disso, a loja tem horários estranhos. Fecha às 13h na sexta e não funciona no sábado (shabat). Também fica com as portas fechadas em todos os feriados judaicos. Fique esperto. Outra dica é que dá para comprar no site ou pelo telefone (falando em português) e ter tudinho entregue em casa, no Brasil.

J&R
Downtown: *23 Park Row, entre Ann St e Beekman St ou* Midtown: *151 W 34th St, entre 5th Ave e 6th Ave.*
@JandR
www.jr.com

Outra megaloja de gadgets, que funciona desde 1971. Fora tudo o que possa ser ligado a uma tomada ou conectado à internet, a J&R também vende DVDs, CDs e jogos eletrônicos. Difícil é fazer todos os desejos caberem na alíquota de US$ 500 da alfândega brasileira.

BRASIL COM Z

ESTE CAPÍTULO É PARA QUEM VEM PARA CÁ E SENTE AQUELA SAUDADEZINHA DA NOSSA TERRA QUERIDA. IMAGINE EU, DURANTE OS CINCO ANOS QUE MOREI AQUI, QUANTAS VEZES NÃO TIVE DESEJO DE UMA GULOSEIMA TÍPICA, UMA FESTA MAIS COM A NOSSA CARA, UM SERVIÇO MAIS FOCADO PARA QUEM É DO BRASIL, OU MESMO BATER UM PAPO NO BOM E VELHO PORTUGUÊS. AINDA BEM QUE NOVA YORK TEM TODA UMA SAFRA DE BRASILEIROS QUE VIERAM PARA CÁ, MAS NÃO SE ESQUECERAM DAS RAÍZES. BEM, A LISTA A SEGUIR É O MEU S.O.S. QUANDO A NOSTALGIA CHEGA. OLHA, NÃO QUERO FALAR NADA, MAS ACHO QUE VOCÊ PODE PRECISAR DESTE CAPÍTULO. ;-)

A seleção de vestidos de festa, que aproxima o Brasil um pouco mais da alta costura, especialmente quando o Miele associa coisas típicas nossas – como o fuxico – a um conceito mais "glam".

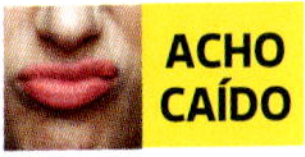

Alguns vestidos são lindos, mas outros... Têm tanta "informação" (uma mistura bem confusa de estampas, bordados e detalhes) que viram uma confusão só. Cuidado na hora de escolher o seu!

> CARLOS MIELE

O Miele, para quem não sabe, é o dono da M.Officer. Foi um dos primeiros brasileiros a desbravar o então fechado mercado de moda americano no final dos anos 1990, quando veio para cá e abriu sua loja. O cara é muito esperto e escolheu para a sua butique o bairro de Meatpacking District, que na época começava a ser desbravado por Stella McCartney (que tem loja na frente da dele) e Cia. A loja em si vale o passeio: um projeto do arquiteto egípcio Hani Rashid (irmão do designer Karim Rashid), que lembra em muito a arquitetura da colega iraquiana Zaha Hadid, ou a obra do artista brasileiro Ernesto Neto – ou seja, uma coisa meio "quando a moda encontra a ficção científica".

MePa: 408 W 14th St, entre 9th Ave e Washington St (646-336-6642).

8 Av – 14 St A C E L

www.carlosmiele.com.br

> CASA $$

O West Village é uma das regiões mais charmosas – e caras – de Nova York (por lá moram Sarah Jessica Parker e várias outras celebs). E o Casa veio para suprir a necessidade desse nicho. Então espere encontrar ali uma versão mais glam da comida brasileira. Mas isso não significa pratos requintados, e sim versões mais "limpinhas" de clássicos como frango com quiabo e empadinha de alho-poró. E a casa é toda de vidro, então parece que você está num jardim de inverno igual ao das townhouses chiquérrimas ao redor. Mas, bem, esses luxos se manifestam adivinha onde? Na conta, né... então vá de carteira preparada.

ACHO TUDO

A apresentação luxuosa dos pratos, no maior estilo alta gastronomia. Divertido ver frango à passarinho sendo servido como se fosse lagosta.

ACHO CAÍDO

Como o restaurante é pequeninho, lota muito rápido. Se quer ter certeza de que vai se sentar, ligue antes e faça reserva.

West Village: 72 Bedford St, esquina com Commerce St (212-366-9410).

Christopher St – Sheridan Sq 1

www.casarestaurant.com

ACHO TUDO

Os garçons são todos brasileiros, mas também sabem explicar direitinho, em inglês, os pratos. Staff bom em restaurante não tem preço. A trilha sonora é bem brasuca, mas consegue ser original. Nada de Tom Jobim ou MPB-remix-for-lounge o tempo inteiro. Os caras dão uma boa variada nas músicas e mostram que o Brasil vai além dos estereótipos.

ACHO CAÍDO

O serviço pode ser um pouco Bahia style, ou seja, meio devagar demais. Vá com o espírito preparado.

> CIRCUS $$$

Este é para aquelas vezes em que você quer mostrar a comida brasileira para os gringos fazendo bonito: o restaurante tem uma coisa bem arrumadinha e, ao mesmo tempo, despretensiosa. A comida é uma delícia, com todos os hits da nossa cozinha preparados com essa pegada mais "fina", da feijoada ao bacalhau. Tem também couvert daquele jeito bem brasileiro – com direito a pão de queijo quentinho servido na hora. Humm!

UES: 132 E 61st St, entre Lexington Ave e Park Ave (212-223-2965).

59 St – Lexington Av N Q R 4 5 6

www.circusrestaurante.com

> JACK VARTANIAN

O que Demi Moore, Gisele Bündchen e Kate Hudson têm em comum, além de serem famosas e estonteantes? Bem, todas elas e várias outras celebs usam Jack Vartanian. O Jack, apesar do nome (e da descendência armênia), é brasileiríssimo e faz joias lindas, que são uma boa opção para quem quer encontrar pedraria brasileira, ainda mais aqui, a infindáveis quilômetros de distância do Brasil.

UES: *996 Madison Ave, entre E 77th St e E 78th St (212-988-2881).*

77 St (6)

@jackvartanian

www.jackvartanian.com

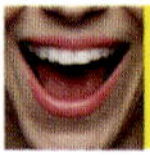

ACHO TUDO

O design das joias – moderno e classudo. Não é joia para ostentar mil brilhantes, e sim para enfeitar a mulher com estilo.

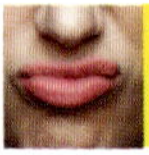

ACHO CAÍDO

Bem... Tudo o que é bom tem seu custo, né? Então, não dá para ignorar que as joias do Jack têm um preço meio salgadinho... Mas, toda vez que eu uso uma peça, as americanas querem saber onde eu comprei. É caro, mas "causa"! ;-)

> J.SISTERS

ACHO TUDO

Os serviços de manicure e pedicure. As meninas são superatenciosas e eficientes. Fora que é muito mais gostoso pedir "duas mãos" de esmalte, em vez de "second coat" (hã???). E ainda, de quebra, você pode se atualizar em todas as fofocas da última edição da revista Caras, sempre disponível.

ACHO CAÍDO

Para fazer a mão custa uns US$ 45, precinho bem mais salgado do que o praticado nos muitos salões coreanos daqui (em torno de US$ 12-14). O resultado das J. Sisters é superior e elas fazem manicure como estamos acostumadas no Brasil. Mas, para simplesmente deixar a mão bonitinha e colorida, dá um certo bode gastar mais de US$ 50 para isso (lembre-se que o padrão aqui é de, no mínimo, 15% de taxa de serviço).

Meninas, esta é para a gente. Se você não conseguir dar aquela passadinha no salão de beleza antes da viagem, procure as J.Sisters: Jocely, Jonice, Joyce, Janea, Juracy, Jussara e Judseia. São sete irmãs brasileiras que trouxeram suas exímias técnicas de depilação para os EUA. O sucesso foi tão absurdo que elas já foram destaque na Vogue, na Cosmopolitan... Ou seja, pode confiar! Claro que o carro-chefe é a "bikini wax", ou, como ficou popularmente conhecida aqui a "Brazilian wax" – isso quer dizer depilação para as meninas que querem usar biquínis ou calcinhas mais cavados. Mas o salão tem todos os serviços e com aquele jeito de atender que a gente só encontra na nossa terra mesmo.

Midtown: 41 W 57th St, entre 5th Ave e 6th Ave (212-750-2485) ou no Limelight Marketplace – 656 6th Ave, esquina com W 20th St (646-330-4771).

www.jsisters.com

> JUSSARA LEE

Atendimento personalizado e ultrassimpático – duas coisas dificílimas de encontrar em Nova York, mas que são mandamentos máximos na loja da Jussara, uma brasileira filha de coreanos que veio estudar moda aqui e nunca mais foi embora. Sua abordagem de alfaiate para a moda feminina não tem como não conquistar as mulheres que a procuram. Sua mão para acertar os vestidos nas medidas do corpo é única. Pelo menos é o que se comenta por aqui (e entre os compradores da Bergdorf Goodman e da Barneys, que também vendem suas peças). Se você precisa de uma peça mais elaborada e quer incentivar a moda brasileira, a loja da Jussara é parada obrigatória.

ACHO TUDO

Assim como os vestidos, as blusas de cashmere também são feitas – e pintadas – à mão. Lindas!

ACHO CAÍDO

O preço exorbitante de algumas peças. Já vi um vestido tomara que caia lá por US$ 3 mil! Gente, isso às vezes é o preço da viagem toda, né?

West Village: *60 Bedford St, esquina com Morton St (212-242-4128).*

Christopher St – Sheridan Sq 1

www.jussaralee.com

WILLIAMSBURG BRIDGE

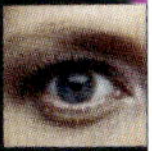

PARA QUEIMAR AS CALORIAS CONSUMIDAS NO MISS FAVELA, UMA BOA OPÇÃO É VOLTAR A PÉ PELA WILLIAMSBURG BRIDGE. TEM UMA ENTRADA PARA PEDESTRES BEM PERTO DO BOTECO. A CAMINHADA LEVA UNS 25 MINUTOS E A VISTA É LINDA.

ACHO TUDO

Mesmo a lei americana não permitindo vender bebidas alcoólicas na rua, eles colocam cerveja e caipirinha em canecas coloridas para servir nas mesas de fora. Às vezes, nada melhor do que o jeitinho brasileiro.

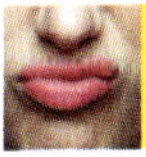

ACHO CAÍDO

Muitas das mesas internas ficam coladas com a banda que toca ao vivo. Ensurdecedor!

> MISS FAVELA $$

Lugar para quando der saudades do bom e velho boteco. Literalmente debaixo da ponte (no caso, a Williamsburg Bridge), o barzinho acabou virando embaixada extraoficial dos brasileiros no Brooklyn. Rola sambão, transmissão de jogos do campeonato brasileiro no telão, feijoada, coxinha, croquete e afins. Eles também têm, além da área interna, toda a calçada com mesinhas de ferro para fora, bem botecão style. E como o ponto não tem muito trânsito e é perto do rio (o East River), o lugar acaba ganhan do ares de barzinho do Baixo Gávea. Dá para ficar horas papeando, principalmente nos dias de verão.

Williamsburg: 57 S 5th St, esquina com Wythe St (718-230-4040).

Marcy Ave M J Z

www.missfavela.com

> NUBLU

Música brasileira é produto exportação faz tempo, mas o Nublu se diferencia por dar espaço para a nova música brasileira, coisa que às vezes a gente mal escuta no Brasil. Misto de casa noturna com gravadora, o Nublu fica lotado de uma galerinha mais descolada que quer saber o que se faz no Brasil além de sambão baticum ou bossa nova. Exemplo: o Forró In The Dark, banda que repaginou o tradicional ritmo nordestino, composta por músicos brasileiros que vivem aqui e que se apresenta lá toda semana. Outro que faz parte do selo e que vive baixando por lá é o Otto. Bebel Gilberto, amiga dos donos, também vive dando pinta. E o Ilhan, dono do Nublu, sempre arma surpresinha na programação. Então não se esqueça de checar o site antes de ir.

East Village: *62 Ave C, entre E 5th St e E 4th St (não tem telefone).*

2 Av (F)

@nublu

www.nublu.net

ILHAN ERSAHIN

Ele é o cara que inventou o conceito do Nublu. Nascido na Turquia e criado na Suécia, se apaixonou pela música brasileira depois de visitar o Brasil. Se encontrar o Ilhan no Nublu, pode dar um "oi". Ele super fala português e adora os brasileiros.

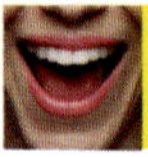

ACHO TUDO

O jardim nos fundos que fica aberto no verão. Aumenta a capacidade do clubinho (que às vezes lota) e alivia o calor que fica lá dentro.

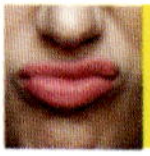

ACHO CAÍDO

A Avenida C, onde fica a entrada da casa, está numa área meio escura demais na madrugada. Um pouco de cuidado com o relógio e a bolsa pode ser conveniente.

ACHO TUDO

Os cortes das roupas de verão, que ajudam a suportar melhor o escaldante calor do verão nova-iorquino.

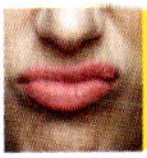

ACHO CAÍDO

A loja não recebe reposição de estoque com muita frequência e muitas peças, como as sungas, desaparecem das prateleiras por meses. Uó!

> OSKLEN

Que o Brasil é expoente em moda verão todo mundo já sabe. Mas isso ficou mais conhecido ainda graças à abertura da Osklen no Soho. Lá dá para encontrar vários dos hits que a loja vende no Brasil, como os tênis de pele de peixe, lindos e que você não vai achar em lugar nenhum do território americano; ou as bolsas – até a Madonna comprou uma. A loja também é toda feita sob as premissas básicas da bíblia eco-friendly (como tudo que o Oskar Metsavaht, dono da marca, faz desde 1989, quando fundou a Osklen). Algo que os nossos amigos americanos, responsáveis por cerca de metade da poluição do mundo, precisam aprender melhor.

Soho: *97 Wooster St, entre Prince St e Spring St (212-219-8250).*

Prince St (N)(R)

@Osklen

www.osklen.com

divulgação

> THE TRACK&FIELD STORE

Nepotismo à parte (afinal, meu marido é um dos sócios, nhaaaaa!), a Track and Field é, na minha opinião, a melhor opção para quem precisa de roupas de ginástica modernas, funcionais e... sexy! Nada como um toque brasileiro, mesmo na hora de ir para a academia, rá! Outra coisa que eu adoro e recomendo são os tecidos, super-resistentes ao suor, ou seja, ótimos para uma malhação mais longa. O projeto da loja é tudo e, também, sem querer me gabar, é a única loja-conceito de uma marca de roupa brasileira na finérrima Madison Ave, tá? Vá lá conhecer!

UES: *997 Madison Ave, entre E 77th St e E 78th St (212-355-1944).*

77 St 6

www.tfstore.us

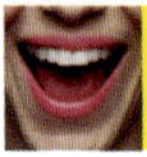

ACHO TUDO

A cápsula que serve de embalagem para os produtos. Além de ser feita de bioplástico 100% oxibiodegradável (ou seja, 100% ecológica. Yeah!), dá para usar depois para guardar roupa molhada da ginástica. Grande sacada.

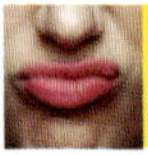

ACHO CAÍDO

Ainda não abriu uma loja da Track em Downtown. Estou na torcida!

> TROPICALIA IN FURS

Pode parecer surreal, mas o melhor lugar para achar raridades brasileiras em vinil da época dos Mutantes... é Nova York, mais especificamente na Tropicalia In Furs. Escondidinha no coração do East Village, ali você encontra preciosidades daqueles tempos, no maior esquema lojinha de bairro mesmo. Quando os discos chegam, a loja faz happy hour com DJs-amigos-vizinhos tocando as "novidades" – tenta pegar um desses. Quem comanda tudo isso é o Joel, um figuraça, que começou a vida na Big Apple há 12 anos como engraxate, mas, graças ao olhar apurado e à lábia de mercador persa que tem, construiu este oásis tropicalista. Imagina, tudo começou quando ele achou um disco dos Mutantes numa feirinha por US$ 200 e conseguiu vendê-lo na Califórnia por US$ 2.000!!! Então... cuidado com ele! kkkk...

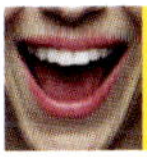

ACHO TUDO

Além de discos tropicalistas, o Joel garimpa pérolas mais obscuras da música brasileira dos anos 1960, tipo Marisa Rossi e Tom & Sergio. Uma aula inesperada de MPB em Nova York.

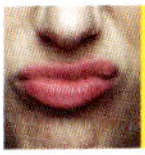

ACHO CAÍDO

A maior parte do que eles têm é em vinil. Como eu não sou DJ, assim como 99% da população, isso restringe um pouco o nosso poder de compra.

East Village: 304 E 5th St, entre 1st Ave e 2nd Ave (212-982-3251).

2 Av (F)

PARA MENORES

QUEM ACHA QUE NOVA YORK É SÓ COISA DE ADULTO ESTÁ BEM ENGANADO. A CIDADE TEM UM MUNDÃO DE ATRAÇÕES PARA OS PIMPOLHOS QUE EU SÓ FUI DESCOBRIR AQUI MESMO. ALIÁS, MEU ROTEIRO É LEGITIMADO POR TRÊS GRANDES ENTENDEDORAS DO ASSUNTO: MINHAS FILHAS, QUE, COMO EU, PASSARAM ANOS DA VIDA DELAS AQUI E CHEGARAM SUPERANIMADAS PARA SE DIVERTIR. ESTE É O CAPÍTULO PARA SABER POR ONDE A GENTE ANDOU, O QUE A GENTE APRONTOU E O QUE A GENTE APROVOU.

ACHO TUDO

O programa Clown Care, em que uma trupe de palhaços deles leva o circo para hospitais pediátricos. Fofo e super-humanitário!

ACHO CAÍDO

Eles não funcionam em julho e agosto por causa das férias de verão. Entendo que eles merecem descanso, mas, poxa, é bem nas nossas férias de julho. :-(

> BIG APPLE CIRCUS

Fundado por Paul Binder e Michael Christensen em 1977 (os dois, ex-Nouveau Cirque de Paris), é o circo oficial da cidade. Nos anos 1990, migrou para o Lincoln Center, mais precisamente para o Damrosch Park, ao lado da Metropolian Opera House. Hoje é programa obrigatório – e satisfatório – para as crianças. Também, as atrações são inacreditáveis: monociclistas chineses, saltadores quenianos, contorcionistas da Mongólia, malabaristas etíopes e números com cavalos, cachorros e elefantes. Tudo embalado por uma superbanda tocando a trilha toda ao vivo. As crianças piram e, sinceramente, a gente também.

UWS: *Damrosch Park, no Lincoln Center Plaza, entre W 62nd St, W 65th St, Columbus Ave e Amsterdam Ave.*

66 St – Lincoln Center (1)

@BigApple_Circus

www.bigapplecircus.org

> BOOKS OF WONDER

Ainda bem que Nova York tem esta livraria especializada só em livros infantis. Digo isso porque, para as crianças, é um verdadeiro passeio por vários mundos da fantasia dentro de um mesmo lugar, em uma atmosfera deliciosa para apreciar os livros – lançamentos e raridades. Tem até livro de arte para os pequenos. Outro fator-tudo: eles são superconscientes didaticamente e em sua seleção não pode entrar nenhum livro que seja adaptação de um filme, programa de TV ou videogame. Outra coisa que ajuda são os vendedores, que superentendem do que estão falando. Se puder, vá lá aos domingos, que ao meio-dia tem leitura de histórias.

Midtown: 18 W 18th St, entre 5th Ave e 6th Ave (212-989-3270).

14 St F M

@booksofwonder

www.booksofwonder.com

ACHO TUDO

Na entrada, tem um café com cupcakes deliciosos e um ótimo chocolate quente. As crianças adoram e as mamães, também. ;-)

ACHO CAÍDO

Os vendedores, de tão solícitos que são, podem passar tempo demais com o cliente. Algumas vezes a coisa precisa ser expressa, sorry. Eu sei, neurose nova-iorquina, mas fazer o que?

POR FAVOR, REBOBINE

YOU'VE GOT MAIL (1998)

Essa livraria serviu de inspiração para o filme "You've Got Mail". A Meg Ryan inclusive trabalhou lá um tempinho para encarnar melhor a personagem! O filme é fofo. Você já viu?

> BRONX ZOO

O zoológico do Bronx é o maior dos Estados Unidos. Dentro dele há mais de seis mil animais diferentes, dos mais comuns (tipo leão, girafa e rinoceronte) aos mais exóticos (como o leopardo-das-neves, a pomba-rosa e os crocodilos-chineses). Mais de 37 espécies que estavam em extinção são preservadas pelo Bronx Zoo. Por mais US$ 4, você pode passear pelas mostras temáticas. Minha favorita é o Wild Asia Monorail, um passeio de trenzinho pela fauna selvagem do Oriente. Tenho certeza de que as crianças, depois de ficarem no vagão de metrô perguntando por horas "quanto tempo falta?" (prepare-se, é uma viagenzinha chegar até lá), vão se sentir recompensadas.

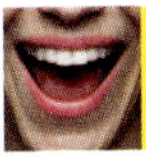

ACHO TUDO

Muitas das atrações especiais são cobertas. Assim, dá para aproveitar mesmo em dia de chuva ou frio.

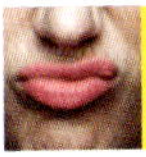

ACHO CAÍDO

As trilhas de caminhada dentro do complexo são confusas; é fácil de se perder. Mapa na mão, sempre.

Bronx: *Fordham Road e Bronx River Parkway (718-220-5100).*

West Farms Sq – E Tremont Av 2 5

@TheBronxZoo

www.bronxzoo.com

> CHERRY'S PHARMACY

Já imaginou um lugar que vende aspirina com sabor de chiclete de morango ou de amendoim? Esse lugar existe e chama-se Cherry's. Sério! Só de Tylenol eles têm 12 tipos – todos customizados para as crianças. Eles também são especializados em remédios de manipulação infantis e dá para escolher o sabor que quiser. O atendimento é bom e eles ensinam macetes para ajudar os pequenos a tomar remédio com mais prazer, como comer um M&M's antes e um depois. Que criança não vai querer?

UES: 207 E 66th St, entre 2nd Ave e 3rd Ave (212-717-7797).

68 St – Hunter College (6)

www.cherryspharmacy.com

S.O.S.

Carnegie Hill Pediatrics
UES: 1125 Park Ave, entre E 90th St e E 91st St (212-289-1400).
www.carnegiehillpediatrics.com

O **Dr. Barry Stein** é o pediatra das minhas filhas. Ele não é um "real new yorker" e sim sul-africano, ou seja, mais caloroso que a média. Espero que você não tenha emergências infantis nas férias, mas, por via das dúvidas, leve o telefone do Dr. Stein. Eu recomendo.

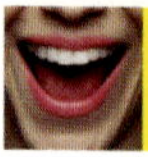

ACHO TUDO

Os produtos para pele de bebê, que muitas vezes são a pedida para bebezonas como eu e você. Supersuaves, uma delícia.

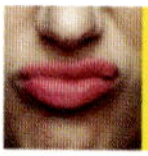

ACHO CAÍDO

Apesar de entregar em qualquer ponto da cidade no mesmo dia, e de graça, a Cherry's não abre 24 horas e fecha no domingo.

ACHO TUDO

O museu oferece cursos especiais em sua programação. Essas aulas são muitas vezes mais bacanas do que as exibições em si.

ACHO CAÍDO

Muitas das mostras têm patrocínios explícitos – tipo: "Descubra o mundo de Dora, a exploradora". Fica marketeiro demais. Todo museu deveria fugir disso, ainda mais em se tratando do público infantil, tão suscetível a esse tipo de influência. A gente quer ensinar cultura, e não capitalismo! Ah, e fecha na segunda-feira.

> CHILDREN'S MUSEUM OF MANHATTAN

Não pense que é um museu que fala da criança, mas sim um museu que fala COM ela – mais precisamente, as de zero até uns 4 ou 5 anos (não recomendo levar seu filho de 6 anos ou mais, tem risco de ele achar tudo meio "boring"). O CMOM (sigla complicadinha, hein?) monta exibições "hands-on", ou seja, pode mexer, tocar e interagir com tudo. Perfeito para os pequenos – e um descanso para os pais também, que não têm que ensinar a não encostar em nada, como nos museus "de verdade". Os temas não são lá muito elaborados (minicidade, viagem pelo corpo humano etc.), mas têm um certo cunho educativo. Na minha mais singela opinião, ele está mais para um grande parque interno do que para um museu. Mas não deixa de ser uma ótima opção para dias de chuva, muito frio ou calor infernal.

UWS: 212 W 83rd St, entre Broadway e Amsterdam Ave – Tisch Building (212-721-1223).

86 St (1)

www.cmom.org

> INTREPID SEA, AIR AND SPACE MUSEUM

O Intrepid é um porta-aviões original de 1943, que foi usado na Segunda Guerra Mundial, na Guerra do Vietnã e na Guerra Fria. Muitos anos depois (em 1982, para ser precisa!), foi ancorado no Rio Hudson e transformado em um museu focado principalmente em aeronaves, de guerra ou não – tem inclusive um Concorde (e dá para entrar nele). Eu sou completamente contra guerras, exército e essas coisas, principalmente para crianças. Por outro lado, sei entender o impacto de ver artefatos bélicos ao vivo e o que isso pode ensinar sobre a história do mundo.

Midtown: *Pier 86, 12th Ave e W 46th St – Rio Hudson (212-245-0072).*

50 St C E

@IntrepidMuseum

www.intrepidmuseum.org

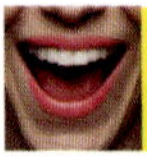

ACHO TUDO

Gosto de imaginar o Intrepid servindo de pista de pouso e decolagem para aviões no meio do mar. Não curto guerras, já falei. Mas acho incrível o que existe de tecnologia e ciência por trás disso tudo.

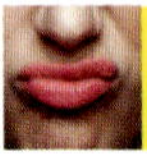

ACHO CAÍDO

Aquilo tudo junto ali tem uma conotação meio patriota demais. Não sei se me cai bem.

AH, VÁ! – ENTERPRISE

Gente, eles têm um ônibus espacial lá. A Enterprise, depois de algumas viagens até a Estação Espacial, aposentou-se. Surreal pensar que dá para visitar uma nave que esteve no espaço sideral, ali, no centro de Nova York.

ACHO TUDO

A programação do JALC para "gente grande" também é incrível! Vale muito a pena checar o www.jalc.org e comprar ingressos para apresentações de estrelas do jazz, em salas com uma qualidade de som incrível. Como o complexo é todo novo, os ambientes receberam um tratamento acústico de ponta.

ACHO CAÍDO

O início da história do jazz tem relação direta com a contracultura. Para entrar nas salas do espetáculos do Jazz at Lincoln Center tem que passar por um centro comercial. Fica um gostinho esquisito na chegada, de um cenário pouco autêntico. Mas os pequenos obviamente não percebem. O estranhamento vai embora assim que são ouvidos os primeiros acordes.

> JAZZ FOR YOUNG PEOPLE AT LINCOLN CENTER

Apesar do nome, o Jazz at Lincoln Center não fica geograficamente dentro do complexo de mesmo nome. Mas está logo ali pertinho (no Time Warner Center). E assim como as outras instituições que fazem parte do Lincoln Center, também oferece programas voltados exclusivamente para as crianças. O Jazz for Young People é um dos que eu mais gosto. As apresentações musicais são temáticas – podem falar das big bands num dia, de blues ou do jazz dos anos 1950 no outro. São didáticas sem ser sisudas e pedem bastante interação da plateia mirim. A coisa ali tem clima de brincadeira, mas tudo é levado bem a sério, tanto é que o diretor da casa é o trompetista superstar Wynton Marsalis. A programação é intensa, por isso informe-se no site antes da viagem.

UWS: *Broadway e W 60th St (212-258-9800).*

66 St – Lincoln Center 1

@jalcnyc

www.jalc.org

PARA OS GRANDINHOS

Uma das salas do Jazz at Lincoln Center é a **Dizzy's Club Coca-Cola,** que tem um climão mais bar de jazz, com o esquema mesinhas + cadeiras e apresentações de jazz ao vivo, sete dias por semana. As apresentações são, geralmente, às 19h e às 22h, tarde para os padrões nova-iorquinos, mas ótima pedida para quem quer uma noitada musical de qualidade sem ter que se apressar no fim do dia para chegar lá. Reserve antes de ir!

E, por falar em música... As rádios de jazz que o www.jalc.org disponibiliza online são in-crí-veis! Estou escrevendo este texto escutando Chucho Valdés, Sarah Vaughan, Charlie Parker... Chique!

> NEW VICTORY THEATER

Se os adultos têm uma Broadway inteira para eles, os pequenos também têm a sua, ali, no mesmo pedaço, em um prédio original de 1900: o New Victory Theater, um centro de performances só para crianças. No palco, entra de tudo: dança, teatro e circo vindos dos quatro cantos do planeta... e a coisa é levada a sério! Sempre tem crítica das produções deles no New York Times e na Time Out, ou seja, pode confiar que eles super fazem parte do circuito cultural nova-iorquino. E, de quebra, é uma boa oportunidade para quem quiser educar os filhos para ver algo divertido e, ao mesmo tempo, consistente, com o qual os pais também podem se entreter.

ACHO TUDO

Além dos espetáculos infantis, o New Victory também tem uma programação especial para teens, de 12 a 15 anos. Nas sextas-feiras, a galera pode ver uma performance e depois "hang out" no teatro por um tempinho para bater papo e conhecer de perto os artistas que se apresentaram naquela noite.

ACHO CAÍDO

Como familiares também podem entrar, às vezes a coitadinha da criança pode pegar um belo pirulão sentado na frente e ter dificuldade para ver o palco. Não sei muito como eles poderiam resolver isso, mas que atrapalha, atrapalha.

Midtown: 229 W 42nd St, entre 7th Ave e 8th Ave (646-223-3010).

Times Sq – 42 St N Q R S 1 2 3 7

@NewVictory

www.newvictory.org

> PARQUINHOS DO CENTRAL PARK

Um dos melhores programas para fazer por aqui com crianças é de fácil acesso, tem inúmeras opções e ainda por cima é de graça! Estou falando dos cerca de 20 playgrounds do Central Park. São vários e todos diferenciados – uns têm piso de borracha, outros ficam em um "areião", alguns têm jatinhos de água que refrescam as crianças no verão e todos têm escorregador, balanços, barras e tudo mais que uma criança precisa para se divertir. Acho lindo que muitos dos brinquedos são feitos em estrutura de madeira – mais charmoso, mais "old-style".

www.centralpark.com

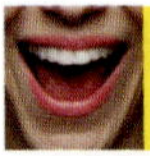

ACHO TUDO

Um dos parquinhos chama-se Diana Ross Playground porque a própria Diana Ross (cantora da Motown, ex-Supremes, vocês sabem quem é, né?) colaborou financeiramente para montá-lo, depois de um mega-show dela no Central Park, em 1983.

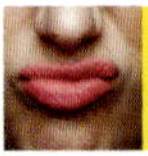

ACHO CAÍDO

Apesar de a brincadeira rolar solta, você está em uma cidade em que as pessoas são neuróticas por regras. Vira e mexe, corre-se o risco de levar bronca de algum "xerife" nova-iorquino. Avisinhos como "você lembrou-se de fechar o portão ao entrar no parquinho?" ou "você sempre grita ao chamar seu filho?" podem acontecer quando você menos espera!

ACHO TUDO

Talvez para apaziguar os ânimos dos ecodefensores, talvez por genuína preocupação mesmo, o fato é que o Ringling Bros. fundou, em 1995, na Flórida, o Ringling Bros. Center for Elephant Conservation, um centro de preservação do elefante asiático onde eles promovem a procriação e estudos sobre a espécie. Acho digno.

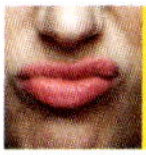

ACHO CAÍDO

O show é tão grandioso – e repleto de efeitos sonoros, luzes e muita ação! – que pode assustar crianças menores. Pense bem nisso antes de levar os mais caçulas.

> RINGLING BROS. AND BARNUM & BAILEY CIRCUS

Seu slogan é "The greatest show on Earth" ("O maior espetáculo da Terra") e eles levam a promessa a sério! Circo tradicional americano, existe desde 1871 e chega na cidade com trem próprio, anunciando a companhia. São 60 vagões ao todo, 40 deles só de passageiros e 20 de carga. É um megaespetáculo circense, com tudo a que se tem direito: malabaristas, pilotos de moto, palhaços, mágica, fogos de artifício. E ainda muitas peripécias com animais – de cavalos a lhamas, elefantes e tigres. Tudo comandado pela figura tradicional do ringmaster – o mestre do rinque. Eles são ótimos e comandam o show de maneira divertida e excepcional.

www.ringling.com

> TOY STORES

A meninada não é nada boba. Quando chega aqui quer comprar que nem adulto. Também, as lojas deixam até a gente com vontade de voltar a ser criança para poder levar tudo aquilo (aliás, é o que todo mundo faz, né?!). Vamos às melhores:

AMERICAN GIRL PLACE

Midtown: *609 5th Ave, esquina com E 49th St.*
www.americangirl.com

Quem tem filha, sobrinha ou afilhada já sabe: esta loja é parada obrigatória. Não é para menos. As bonecas são realmente lindas e as meninas podem personalizar a sua, escolhendo entre várias opções de tom de pele, cor dos olhos e tipo de cabelo. Fora isso, a loja vende tuuuuuudo quanto é acessório para uma boneca que se preze – roupas, casa, carro, bicho de pelúcia; e ainda tem serviço de cabeleireiro (sério! E sempre tem fila!), hospital (para bonecas "machucadas") etc. Uma vez lá dentro, você também vai ser abduzida pelo universo American Girl. Boa sorte.

BABIES 'R' US

Midtown: *24-30 Union Square East, entre E 15th St e E 16th St.*
@BabiesRUs
www.babiesrus.com

Versão da Toys 'R' Us para bebês, porém mais voltada para artigos utilitários. Pensa que ser baby é fácil? Precisa de mamadeira, chupeta, mastigador, carrinho, chocalho etc. etc. etc., hehehe! Bom, tem tudo lá. Os carrinhos são super em conta, comparando preço/qualidade com os do Brasil.

BUY BUY BABY

Midtown: *270 7th Ave, entre W 25th St e W 26th St.*
www.buybuybaby.com

É o "hipermercado" do bebê. Tem de tudo e mais um pouco para esses seres, desde o momento em que eles ainda estão crescendo, na barriga. Você encontra até coisas que nunca imaginou que ia precisar, como babador para a criança pintar com caneta lavável etc.

DISNEY STORE

Midtown: *1540 Broadway, entre W 45th St e W 46th St.*
@DisneyStore
www.disneystore.com

Um pedacinho, ou melhor, um pedação da Disney na Times Square. Tem toda a parafernália que você puder imaginar do universo do Mickey, princesas, super-heróis e cia.

F.A.O. SCHWARZ

Midtown: *767 5th Ave, esquina com E 58th St.*
www.fao.com

A entrada, voltada para a Quinta Avenida, os bichos de pelúcia gigantes no térreo (girafa!, elefante!, urso!), o gigante piano de chão no andar superior (momento "volta ao passado": o brinquedão está em uma cena antológica do filme "Quero Ser Grande", com Tom Hanks) e os monitores fazendo demonstração dos brinquedos – tudo isso colabora para a F.A.O. ser vista como a loja de brinquedos mais emblemática de Nova York.

SCHOLASTIC STORE

Soho: *557 Broadway, entre Prince St e Spring St.*
@ScholasticStore
www.scholastic.com/sohostore

Eu costumo brincar que essa é a loja das crianças inteligentes – tipo uma biblioteca audiovisual para os pequenos. Os brinquedos de pintura e desenho também são tudo. Ótimo que é no Soho, assim eles compram e nós, também.

STATE NEWS

UES: *1243 3rd Ave, entre E 71st St e E 72nd St.*

Eu simplesmente AMO esta loja! Tudo o que não se sabe onde comprar, você encontra aqui. Eles vendem artigos de papelaria, brinquedos e TUDO para festas de aniversário (mas tudo mesmo: de pratinhos e copos descartáveis a enfeites, brindes, faixas e velas – que acendem, que cantam, que se mexem!). E, a cada feriado especial (Valentine's Day, Natal, Chanuká etc.), a loja muda de cara. Na época de Halloween é incrível: tem fantasia, caveira luminosa, esqueleto dançante, sangue falso, unhas compridas verdes, teia de aranha fake e por aí vai. Diversão pura.

TOYS 'R' US

Midtown: *1514 Broadway, esquina com W 44th St.*
@ToysRUs
www.toysrus.com

Prepare-se para enfrentar multidões, mas não é à toa. É a loja com a maior variedade de brinquedos, de todas as marcas, preços e estilos. E os horários são bem heterodoxos para os padrões nova-iorquinos, então não tem como escapar de comprar ali.

> TOY ART

Crianças adultas do mundo todo: uni-vos e venham comprar em Nova York, porque as lojas desses brinquedos-arte são tu-do aqui! As que eu mais gosto são:

FORBIDDEN PLANET

East Village: *840 Broadway, esquina com E 13th St.*
@FPNYC
www.fpnyc.com

Mais focada em super-heróis, onde os meninos enlouquecem – as esculturas de personagens célebres desse universo são absurdas! Também tem bonequinhos de tudo quanto é herói (e vilão) da DC, Marvel, mangás. As prateleiras de gibis complementam e sugestionam a compra.

KID ROBOT

Soho: *118 Prince St, entre Greene St e Wooster St.*
@Kidrobot
www.kidrobot.com

A-m-o! Eles fazem os toys em parceria com vários artistas jovens, grafiteiros e afins. Tem em tudo quanto é tamanho e as ideias são as mais absurdas. A linha de roupas também é superfofa!

TOY TOKYO

East Village: *91 2nd Ave, entre E 5th St e E 6th St.*
@Toy_Tokyo
www.toytokyo.com

Loja do super geek Israel Levarek, que há 12 anos vendeu toda a sua coleção de cacarecos do Batman para abrir o que virou uma das mecas da toy art de Manhattan. Tem de Bob Esponja e Mickey Mouse a monstrinhos japoneses dos anos 1970.

> SOU CRIANÇA, MAS TÔ NA MODA

ALL SAINTS KIDS

Soho: *512 Broadway, entre Spring St e Broome St ou MePa: 411-417 W 13th St, entre 9th Ave e Washington St.*

*@AllSaints_*
www.allsaints.com

Versões em miniatura das mesmas roupas da linha adulta da marca inglesa super cool, para os kids "punks de butique", cheios de estilo. Coturnos, camisetas detonadinhas e vestidos desbotados são alguns dos highlights da All Saints Kids.

CREW CUTS

Midtown: *91 5th Ave, entre E 16th St e E 17th St ou* UWS: *Shops at Columbus Circle ou* UES: *1190 Madison Ave, esquina com E 87th St.*
@JCrew_Insider
www.jcrew.com

Marca infantil do grupo da J.Crew (super American style), a loja é tudo. Tem coisas lindas tanto para meninas quanto para meninos. É um pouco mais cara que a Gap Kids, mas também é mais chiquezinha. Eu adoro!

LESTER'S

UES: *1534 2nd Ave, entre E 79th St e E 80th St.*
@ShopLesters
www.lestersnyc.com

Um pouco bagunçada, mas tem uma seleção incrível de roupas e acessórios. Ali você encontra, entre outras, a marca Rock Candy, que tem uma pegada rock and roll que as meninas AMAM, com peças cheias de glitter, símbolo da paz e frases de efeito. É uma das favoritas das minhas filhas. As "Rebeccas Black" (argh!) e "Justin Biebers" da estação também podem se montar lá – de zero a 16 anos.

YOYA

MePa: *636 Hudson St, entre Jane St e Horatio St.*
www.yoyanyc.com

Tudo para as crianças, de roupas até o décor do quarto, além de coisas para as mamães também. E tudo debaixo do mesmo teto. O bom é que as donas (duas mamães jovens, como essa aqui que escreve) também são ávidas blogueiras e postam tudo no blog da loja. Pode tostar as economias porque vai ser difícil você achar uma seleção tão boa para os pequenos em outro lugar, em Nova York ou outra cidade. E não muito longe dali elas têm a versão para babies, a Yoya Mart (*15 Gansevoort St, entre Hudson St e W 13th St*).

PULANDO A CERCA

QUANDO SE FALA EM NOVA YORK, MIL IMAGENS ARQUETÍPICAS VÊM À CABEÇA – O EMPIRE STATE BUILDING, O PRÉDIO DA CHRYSLER, O CENTRAL PARK... OU SEJA, TUDO EM MANHATTAN, NÉ? MEIO INJUSTO PENSAR ASSIM, PORQUE PARA FORA DELA HÁ VÁRIOS PASSEIOS INCRÍVEIS E NADA MUITO LONGE ASSIM. TUDO BEM, TEM QUE TIRAR UM DIA TODO, OU QUASE, PARA FAZER, MAS TÁ AÍ UM POUCO DA GRAÇA: SAIR DO ARROZ COM FEIJÃO E SE AVENTURAR EM LUGARES MENOS ÓBVIOS. SE VOCÊ TIVER AQUELE DIAZINHO A MAIS, PODE SER A GRAÇA EXTRA DA SUA VIAGEM.

ACHO TUDO

A estufa deles, toda de ferro e vidro, feita em 1890. Parece o castelo de cristal da She-Ra e é lá que rolam as exposições mais mirabolantes sobre plantas e temas relacionados.

ACHO CAÍDO

Eles proibirem de ficar descalço (e sem camisa, para os meninos), mesmo em dias de mais de 30 graus. O puritanismo americano às vezes passa dos limites.

> BOTANICAL GARDEN

Para mim, esse é o passeio "natureza" mais legal, fora o Central Park. Fundado em 1981 nos confins do Bronx, é um oásis verde que nunca mais foi tocado – é proibido por lei, desde então, desmatar aquela área. Mais: pelos 250 acres em seus mais de 50 jardins, há todas as plantas que você puder imaginar – de miniaturas japonesas e flores tropicais a flores carnívoras, tudo catalogado, com plaquinhas descrevendo cada uma. Eles organizam também mostras ótimas (eu fui a uma, do Chihuly, que é um cara que faz umas esculturas de vidro bem doidas; teve também uma retrospectiva incrível do Henry Moore). No inverno, rola um passeio de trem com vários presépios e situações natalinas espalhados pelo jardim. Meio frio, mas vale se aventurar. Eu, pelo menos, nunca tinha visto algo assim. Só não abre na segunda-feira.

Bronx: *Bronx River Parkway e Fordham Road (718-817-8700).*

Bedford Pk Blvd B D

@NYBG

www.nybg.org

> BROOKLYN ACADEMY OF MUSIC

Um dos maiores redutos das artes performáticas dos tempos atuais fica distante de Manhattan, em Fort Greene (Brooklyn), mas vale cada um dos vários minutos perdidos na viagem até lá. Um, porque o prédio que hospeda a BAM é de 1907, ou seja, é uma relíquia arquitetônica daqueles tempos. Dois, porque todo mundo que é vanguarda nas artes vai mostrar o que anda fazendo por lá. Mas a programação não fica presa só na música e performances, não – até o super cult Sundance Film Festival tem parceria com eles, e juntos agitam toda uma série de eventos culturais.

ACHO TUDO

A Opera House deles, um exemplo lindo de restauração liderada pelo arquiteto Hugh Hardy, o mesmo que comandou a renovação do Radio City Music Hall e inventou os quiosques do Bryant Park.

ACHO CAÍDO

A linha de metrô que chega mais perto dali (Fulton St) é a G, que é meio, ou melhor, beeeeem difícil de pegar, saindo de Manhattan (melhor pegar os trens que vão até a parada de Atlantic Av – Pacific St e caminhar as cinco quadras até a BAM).

Brooklyn: *30 Lafayette Ave (718-636-4100).*

Atlantic Av – Pacific St
B D N Q R 4 5 2 3

@BAM_Brooklyn

www.bam.org

> BROOKLYN MUSEUM

É o Met do Brooklyn, mas, bem, nunca vá sem checar quais exposições estão por lá. Digo isso porque a curadoria é meio instável. Eles têm acertado recentemente – eu fui à expo do Takashi Murakami e a outra, muito fofa, das mulheres da Pop Art (em geral, a gente só se lembra dos homens, né?). Eles também têm um conjunto incrível de esculturas do Rodin no hall de entrada, todo envidraçado. "Didica": no quinto andar tem, bem escondida, uma área que reproduz uma casa americana do século 18: quarto, sala, cozinha e outras dependências. Lembra um pouco aquelas casas do filme "E O Vento Levou". Tem também um jardim botânico em que você pode entrar usando o mesmo bilhete do museu.

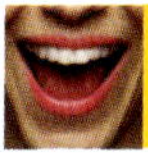

ACHO TUDO

Assim como o Met, o preço é sugerido e não obrigatório, ou seja, você paga o que quiser. Mais civilizado impossível.

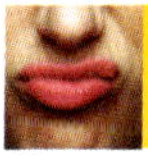

ACHO CAÍDO

Ter um monte de reforma toda hora nas linhas de metrô que levam para lá. Já é um percurso demorado (de 30 a 40 minutos para quem vai de Midtown), então não se esqueça de checar se tá tudo ok antes. Fora isso, fecha na segunda e na terça, meio demais, né?

Brooklyn: *200 Eastern Parkway (718-638-5000).*

Brooklyn Museum 2 3

@brooklynmuseum

www.brooklynmuseum.org

> CLOISTERS

Parte integrante do Metropolitan Museum, o monastério que o museu trouxe da Europa é, na verdade, um agrupamento de cinco estruturas diferentes. Por dentro, catacumbas, jardins internos, espaços cheios de relíquias da Idade Média – mais de cinco mil objetos! Só que se lembre: os Estados Unidos nunca tiveram algo assim, tudo isso que está lá é original do século 9, vindo da França. As estruturas foram todas desmontadas tijolo a tijolo e remontadas no Fort Tyron, entre 1934 e 1938, na altura da 190th St. Surreal! Mais surreal ainda é que isso era propriedade da família Rockefeller, que doou tudo para o Met.

ACHO TUDO

O monastério também tem um parque lindo em volta e fica quase na beira do Rio Hudson. Os jardins internos, que reproduzem os da Idade Média, também são lindos.

ACHO CAÍDO

Eles não fazem exposições por lá. Seria mais um motivo para ir visitar.

99 Margaret Corbin Drive, Fort Tyron Park (212-923-3700).

190 St Ⓐ

www.metmuseum.org/cloisters

ACHO TUDO

A passarela que ladeia o parque e fica à beira-mar, cheia de barracas com brincadeiras, comidinhas... dá para perder horas só vendo o que tem ali. O visual lembra aquelas cidadezinhas de filme americano.

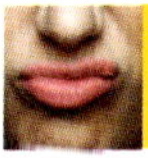

ACHO CAÍDO

O parque (ou parte dele) não abre o ano todo.

AH, VÁ! QUEM COME MAIS!

O pentacampeão do Hot Dog Eating Contest é o americano Joe Chestnut. Seu recorde: 68 cachorros-quentes em 10 minutos!!!

> CONEY ISLAND

Pedaço vivo de um passado perdido, Coney Island é uma viagem no tempo e na história da diversão. Ou melhor, dos parques de diversão. Lá tem um que funcionava no começo do século passado e que ficou podrão por um bom tempo. Mas ganhou um makeover que ressuscitou 19 brinquedos, abertos no verão. Roda-gigante, montanha-russa... tem até surfe artificial! Em volta, tentações calóricas que valem a indulgência: e o prêmio de melhor delas vai para o cachorro-quente do tradicional Nathan's, que, aliás, todo ano, no dia da Independência Americana (4 de julho), realiza o Hot Dog Eating Contest. Outro evento imperdível é a Mermaid Parade, em junho. Uma montação desenfreada, carros alegóricos, um desfile lotado de sereias e "sereios". Todo ano eles elegem um nova-iorquino e uma nova-iorquina como rei e rainha. Mais Nova York impossível!

Brooklyn: *1208 Surf Ave – Brooklyn (718-372-5159).*

Coney Island D F N Q

@coneyislandusa

www.coneyisland.com

> DIA ART FOUNDATION

Viagem meio longuinha (mais ou menos uma hora saindo da Grand Central), mas vale super a pena. Ao chegar na estação de Beacon, já dá para ver, do alto, o tamanho da coisa toda: um armazém de 22 mil metros quadrados (originalmente uma fábrica da Nabisco dos anos 1920), na beira do Rio Hudson, com iluminação natural e cheio de obras gigantescas. Estão ali nomes do primeiro escalão da arte: uma sala inteira só para Sol Lewitt, outra de Andy Warhol, Louise Bourgeois, Joseph Beuys, Richard Serra e por aí vai. Tudo é doação, muita coisa vinda da coleção do galerista alemão Heiner Friedrich e sua esposa Philippa de Menil e de outros grandes acervos dos EUA. Poder, né? Que bom que eles deixam a gente ver tudo. Quer dizer, quase tudo: tem áreas, como a das esculturas-buraco de Michael Heizer, que precisam de hora marcada para visitar. Também, imagina: esses trabalhos, da série "Double Negative", têm mais de seis metros de profundidade.

Beacon: *3 Beekman St (845-440-0100).*

@DiaArtFndn

www.diaart.org

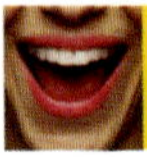

ACHO TUDO

A área (ao ar livre) de mais de 300 mil metros quadrados na beira do Rio Hudson, que faz parte da Dia. Vista linda e um gramado perfeito para um piquenique.

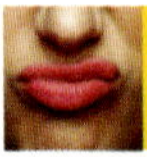

ACHO CAÍDO

O trem para de estação em estação até chegar a Beacon. Os horários de saída também são meio quebrados, então tem que planejar bem antes de ir. No verão, fecha na terça e na quarta. No inverno, fecha terça, quarta e quinta. É bom dar uma olhadinha na página deles no Facebook para confirmar os horários, pois as datas de início da temporada de verão e inverno mudam a cada ano e, quando neva muito, o museu fecha.

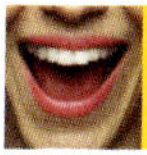

ACHO TUDO

O museu apresenta também obras de arte mais experimentais, que usam tecnologia digital (de luzes, cores e sons) e que muitas vezes são interativas.

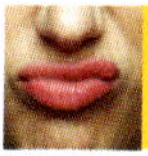

ACHO CAÍDO

Parte da exposição permanente foca em programas de TV americanos mais antigos que a gente mal conhece. "Boiei" em algumas coisas ali...

> MUSEUM OF THE MOVING IMAGE

Aberto desde os anos 1970, mas acho que, devido à sua localização – Astoria (Queens) –, nunca foi prioridade dos turistas. Isso talvez mude agora que ele passou por uma bela reforma – estimada em mais de US$ 60 milhões –, que resultou num prédio muito branco, com uma arquitetura bem moderna e ampla (praticamente dobrou de tamanho). O acervo é dedicado ao universo da TV, cinema e mídia digital. Adorei ver as câmeras de vídeo dos anos 1960 e 1970, as maquetes usadas em longas-metragens, truques de maquiagem e figurinos de várias películas conhecidas. Todas as peças têm explicação por escrito e a montagem da exposição é muito benfeita. Só não vá até lá na segunda, pois é o dia em que fica fechado.

Queens: 35 Ave, esquina com 37th St (718-777-6888).

Steinway St (M) (R)

@MovingImageNYC

www.movingimage.us

> PROSPECT PARK

Fica ao lado do Brooklyn Museum e talvez pouca gente saiba que foi projetado pelos mesmos arquitetos do Central Park. Eu sinceramente acho o Prospect Park mais bonito que seu "irmão" em Manhattan. Sei lá, eu diria assim: se eu morasse na mesma distância dos dois, iria ao Prospect. Por quê? Primeiro, porque tem mais áreas livres, ou seja, mais espaço para tomar sol, fazer piquenique etc. E, bem, nada contra, mas tem menos turistas também, hehehehe. E se você vier para cá no verão, faça o Twilight Tour, um passeio noturno de barco por canais desativados (originais do século 19, quando fizeram o parque) com coquetelzinho depois. É bem divertido e um programa diferente.

É preciso telefonar com antecedência para reservar o Twilight Tour no 718-287-3400, ramal 303. Ele começa na Audubon Center, dentro do parque.

Brooklyn: *95 Prospect Park West (718-965-8951).*

Prospect Park B Q S

@prospect_park

www.prospectpark.org

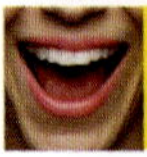

ACHO TUDO

A vegetação "selvagem" do parque. Tem mais cara de floresta que o neoclássico Central Park.

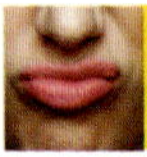

ACHO CAÍDO

O vendaval que faz quando é inverno. Parece temporada de furacão. Reforce o look com blusas, casacos e um belo cachecol!

> PS1

ACHO TUDO

O YAP – Young Architects Program – que eles organizam todo ano na mesma época das festas "Warm Up". Um entre 20 novos talentos da arquitetura selecionados por um júri de especialistas é escolhido para repaginar o ambiente externo do PS1 (onde rolam as festas) com ideias mirabolantes e de baixo orçamento. Já fizeram até fazendinha nessa área (em 2008) com horta e galinheiro, acredita?

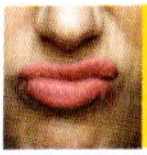

ACHO CAÍDO

Muitas vezes, a cerveja acaba antes do fim da festa e as filas do banheiro ficam enormes. Além do mais, fecha na terça e na quarta.

Nem é tão fora do eixo assim – fica em Long Island City, comecinho do Queens –, mas se difere bastante dos outros museus da cidade. Começa que nem é exatamente um museu – o "P" e o "S" querem dizer "public school", ou seja, o prédio era uma escola pública e todas as mostras rolam nas antigas salas de aula. Ele é o braço "contemporâneo" do MoMA, então espere exposições menos "mainstream". Ele também não é um "museu" tradicional por causa da programação de eventos, muitas vezes mais legais que as próprias mostras. Um dos meus preferidos são as Warm Up Parties nos sábados de verão: som gostoso, horário decente (de dia!) e muuuuita gente (às vezes até demais). Lá também rola, em novembro, uma feira de livros de arte absurda, a New York Art Book Fair, com ofertas que com certeza você não vai achar na Amazon.

Queens: *22-25 Jackson Ave, esquina com 46th Ave (718-784-2084).*

Court Sq 7

@MoMAPS1

www.ps1.org
www.nyartbookfair.com

> SIX FLAGS

Misto de momentinho Peter Pan com fortes emoções, este é o parque de diversões com a montanha-russa mais alta e mais rápida do mundo todo: a Kingda Ka. Essa é só uma das 12 montanhas-russas do parque de diversões, que fica em New Jersey. É o maior Six Flags dos EUA e tem ônibus que sai direto de Port Authority, a rodoviária de Nova York. Saída às 9h30 (em ponto!), voltando às 20h30 do mesmo dia. Prepare a garganta – e o estômago também.

Aberto entre abril e outubro, mas há semanas na baixa temporada em que o parque fecha ou opera em horários reduzidos. O site é a melhor fonte de informação sobre horários. E se comprar o ingresso online e imprimi-lo em casa, você ganha um desconto de US$ 20 por entrada.

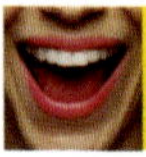

ACHO TUDO

Este é um dos poucos passeios bons tanto para adultos quanto para crianças em Nova York, quero dizer, se suas crianças não forem muito medrosas...

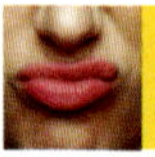

ACHO CAÍDO

A falta de senso do parque de basicamente só oferecer hambúrguer para comer por lá. Ou seja, nem pensar em ir nas primeiras cadeiras dos brinquedos, senão já viu, né?

New Jersey: *1 Six Flags Blvd – Jackson (732-928-1821).*

@SixFlags

www.sixflags.com
www.njtransit.com

OBRIGADA PELA COMPANHIA NESTE PASSEIO "LETRADO" POR NOVA YORK. SE VOCÊ SENTIU FALTA DE ALGUMA DICA, ÓTIMO – SIGNIFICA QUE VOCÊ JÁ TEM A SUA NOVA YORK. SE VOCÊ ACHOU O GUIA SUPERCOMPLETO, MELHOR AINDA – SINAL DE QUE NÓS JÁ TEMOS EM COMUM A NOSSA NOVA YORK. MINHA, SUA, DE TODOS. A GRANDE MAÇÃ ESTÁ SEMPRE ESPERANDO NOVAS DENTADAS. APROVEITE!

O ABC DE NOVA YORK

BAIRROS E REGIÕES

BOAS MANEIRAS

BATISMOS DE FOGO

TEM-QUE-VER

O ANO EM NOVA YORK

CULTURAMA

ONDE FICAR

ONDE COMER

AGRADECIMENTOS

ANIMALE
ATEEN
BO.BÔ
CARINA DUEK
CRIS BARROS
DUDALINA
ÉTOILES
GLORIA COELHO
HECTOR ALBERTAZZI
MARCOLIN DO BRASIL
NK STORE
REINALDO LOURENÇO
SCHUTZ
STUDIO TMLS
TRASHCHIC
TRITON
TUFI DUEK

> ANOTAÇÕES

MIAMI ALÉM DAS COMPRAS

GUIA MIAMI

ROMERO BRITTO

NESTE GUIA, ROMERO BRITTO LEVA OS VISITANTES PARA A SUA MIAMI, COM DICAS DE HOTÉIS, RESTAURANTES, COMPRAS, BALADAS E ARTE. INDISPENSÁVEL PARA APROVEITAR A CIDADE COM O OLHAR DE QUEM VIVE POR LÁ. APROVEITE!

OUTROS GUIAS DA PULP

CRIANÇAS A BORDO: COMO VIAJAR COM SEUS FILHOS SEM ENLOUQUECER

Manual prático que ajuda a organizar a rotina de adultos e crianças em viagens.

BUENOS AIRES COM CRIANÇAS

Um guia para aproveitar o melhor da capital argentina com os filhos.

SÃO PAULO COM CRIANÇAS

Turismo, cultura e diversão para as crianças na maior cidade do Brasil.

GUIA ESSENCIAL DAS CATARATAS DO IGUAÇU

Prepare-se para conhecer um lugar incrível e muito bem preparado para recebê-lo.

Available on the iPad
App Store

PARA A SUA PRÓXIMA VIAGEM

GUIA BRASIL BRAZIL GUIDE

Editado em português, espanhol e inglês, este guia selecionou os melhores roteiros, hotéis e restaurantes do Brasil.

EUROPA DE CINEMA

Dicas e roteiros de viagens para Berlim, Londres, Madri, Paris e Roma inspirados em grandes filmes.

MANUAL DE VIAGEM

Um guia prático e completo para quem quer fazer viagens sem estresse.

GUIA ESSENCIAL DE CURITIBA

Uma ótima companhia para quem visita Curitiba e busca informações curiosas e interessantes.

M&GUIA SELECTED

Descubra o melhor de Londres, Paris, Milão, Miami e Buenos Aires com as dicas exclusivas de Erika dos Mares Guia.

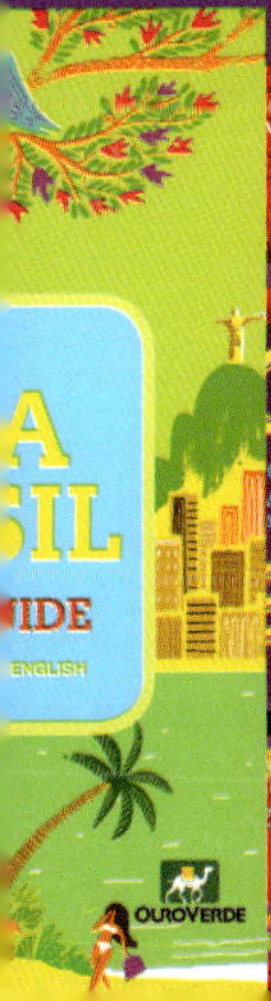